人生を豊かにする簿記

続・簿記のススメ

上野清貴［監修］

創成社

まえがき

本書は、簿記を知ることによって人生がどんなに豊かになるかというお話です。

本来、簿記の知識は、特定の領域や業務にかかわる人たちだけが必要とするものではなく、およそ社会生活を営むすべての人にとって有用かつ必要であるといっても過言ではありません。さらに、どの年齢層においても、人生を生きていくうえで必ず簿記の知識が必要になってきます。

そこで本書は、各年齢層ごとに、また各領域・職種ごとに知っておくべき簿記の内容とその方法についてお伝えすることを目指しています。具体的には、ある社会人と主婦がどのように簿記と出会い、また付き合っているかをプロローグとしてお話します。そして、そのあとで、各人が知っておくべき簿記の内容やその方法などについて本格的に述べていきます。

本書は、第1部「簿記と私」、第2部「簿記と私たち」および第3部「簿記の知識を応用する」からなっており、さらに、最後にエピローグ「簿記を知って人生を豊かに」から構成されています。それらの概要は以下のとおりです。

第1部「簿記と私」は、ある人が学生時代を経て社会人となり、さらに結婚して家庭を

もったときに、本人および家族のために知っておくべき簿記の内容をお話しています。

第2部「簿記と私たち」は、ある人が会社に就職して経理課に配属され、あるときに起業して独立し、さらに社会貢献に目覚める過程において、会社や社会に貢献するために知っておくべき簿記の内容を説明しています。

第3部「簿記の知識を応用する」は、ある人が相当の年齢になり、投資で社会を元気にするために、また退職後に年金などで豊かに暮らすために知っておくべき簿記の内容についてお話しています。

そして、最後のエピローグ「簿記を知って人生を豊かに」は、本書の総まとめとして、まさに簿記を知って人生を豊かにしようという話を、あるお祖父さんをモデルにして、展開しています。

以上が本書の概要です。本書には、人生を生きていくための知識が集約されています。本書の理解の一助にしていただきたいと思います。

なお、本書は巻末に、それぞれの章で重要と思われる用語を解説しています。本書によって各年齢層および各領域・職種の人々が簿記に興味をもち、簿記の知識を習得して豊かな人生を送ることを熱望しています。

本書は前書『簿記のススメ―人生を豊かにする知識―』の姉妹編です。そこでは、本書の内容のほかに、わが国の簿記教育の歴史や、会計専門家で本書と同じです。

ない人がどのような方法で簿記を学習したら知識を習得しやすいかを述べています。簿記の知識を得て人生を豊かにするために、できればそちらも読んでいただきたいと思っています。

最後に、出版事情の厳しいなかで、本書の出版を快くお引き受けいただいた創成社社長の塚田尚寛氏および同出版部課長の西田徹氏に感謝申し上げます。西田氏には、本書の作成に際していろいろと貴重なアドバイスをいただきました。重ねて深くお礼申し上げます。

2014年12月8日

上野清貴

《執筆者一覧》

吉田	智也	（埼玉大学）	プロローグⅠ
金子	友裕	（東洋大学）	プロローグⅡ
島本	克彦	（関西学院大学）	第1部第1章
本所	靖博	（明治大学）	第1部第2章
小野	正芳	（千葉経済大学）	第1部第3章
石山	宏	（山梨県立大学）	第2部第1章
堀江	優子	（明星大学）	第2部第2章
原田	隆	（東京工業大学）	第2部第3章
市川	紀子	（駿河台大学）	第3部第1章
竹中	輝幸	（全国経理教育協会）	第3部第2章
中野	貴元	（エヌジェーケー）	エピローグ

目次

まえがき

プロローグ　簿記との出会い・付き合い ……… 1
　Ⅰ　社会人：簿記との出会い　1
　Ⅱ　主婦：簿記との付き合い　12

第1部　簿記と私

第1章　お家で簿記を使う ……… 23
　Ⅰ　家計簿　23
　Ⅱ　自治会の簿記　31

第2章　社会人、初めての一人暮らし ……… 41
　Ⅰ　家　賃　41
　Ⅱ　初任給と手取額　42
　Ⅲ　生活費のやりくり　49
　Ⅳ　クレジットカード　52
　Ⅴ　年末調整　56

第3章 家族ができて家計を考える

I 結婚資金 62
II 教育資金 65
III 医療保障 71
IV 住宅資金——まとめ 75

第2部 簿記と私たち

第1章 会社で簿記を使う

I 支店営業1課への配属 81
II コンピュータ入力作業 83
III 経費明細帳 84
IV 経理部への異動 87
V 経理部の日常業務 88
VI 経理部の決算業務 91
VII 簿記による財務諸表の作成 94
VIII 会社における簿記 97

第2章　独立を考える

I 会社員生活における転機　99
II 会社との訣別、独立へ　102
III 経営戦略　104
IV 事業計画実践　106
V キャッシュ・フロー経営　115

第3章　社会貢献に目覚める

I きっかけは先輩との再会　119
II ボランティア活動の限界　121
III NPO法人の設立へ　123
IV 事業計画と財源の確保　127
V NPOの活動と簿記　129
VI NPOの社会的価値　135

第3部　簿記の知識を応用する

第1章　投資で社会を元気にする

I 投資に興味をもつ　137

ix 目次

第2章 小金をもって年金で暮らす ……………………… 154

- II 自分にあった投資を行う――投資にはリスクがある―― 139
- III 投資に向けて 141
- IV 財務諸表を理解する――財務諸表分析―― 142
- V 簿記の重要な役割 151
- VI 投資を始めてよかったこと 152

- I 定年後の生活破綻の懸念 154
- II リタイア後の生活 163
- III セカンドライフの支出の管理 167

エピローグ 簿記を知って人生を豊かに ……………………… 172

- I 一線を退いてはみたものの 172
- II 簿記の歴史との出会い 174
- III まずは記録から 178
- IV 足らぬ収入のナゾ 181
- V お金の流れの管理は大切 183
- VI 簿記を知って人生を豊かに 187

用語解説 i

プロローグ　簿記との出会い・付き合い

I　社会人：簿記との出会い

1　久しぶりの出会い

　私は、やっと社会人2年目として食品メーカーの営業部に勤務しています。11月のとある日曜日。朝から1週間分の洗濯を片付けたあと、近所の弁当屋で買ってきたのり弁当を食べながら、私は今日の午後をどう過ごすかを考えていました。

「…録り貯めたドラマでも見るか、それとも買い物にでも行くか…」

　取り立てて趣味がない私にとって、社会人になってからの日曜日をついつい無為に過ごしてしまうことは日常茶飯事でした。天気も良く、出かける気持ちがわいたので、久しぶりに1人で映画を見に行くことにしました。ネットで近くのシネコンで上演している映画をさがし、時間的な余裕をもって家を出ました。最寄り駅まで自転車で10分、小春日和のせいか、駅に着く頃には、薄手のジャケットでも少し汗をかいていました。

「…信川(しながわ)君？」

駐輪所から改札に向かう途中、私は呼び止められました。振り返ると、大学のテニスサークルの先輩である河崎麻衣子が立っていました。河崎は、私の1つ年上で、同じ法学部を卒業し、電器メーカーに就職しています。「面倒見が良い」と自称しており、テニス初心者だった私に、自分の気に入ったテニスラケットを買わせたこともありました。

「河崎先輩じゃないですか、こんなところで何してるんですか？」

私は「たしか河崎先輩の最寄り駅はこの駅じゃなかったはず…」とサークル時代の記憶をたぐりながら、河崎に尋ねました。

「今日は、大学までちょっと…」

大学へ自転車で行ける距離ならば遅刻も少ないはずと入学前に考えて、大学のそばにアパートを借りていた私は、就職してからも同じアパートに住んでいるが、確かに大学に行くのであれば、河崎がこの駅を利用するのもわかります。ただ、学園祭はもう2週間も前に終わっているし、いまさら何の用事で大学に行くことがあるのか、私にはわかりませんでした。

話を聞けば、河崎は大学で「資格試験」を受けに行ってきたといいます。

「へぇ、資格試験ですかぁ。大学を出てからもご大層なことで…」

私は厭味も込めて発言したのですが、河崎には通じませんでした。もちろん、試験勉強も好きではなく、定期試験前には、同じサークル内の先輩や同期から授業のノートを集めて乗り切っていた口です。私はそもそも「試験」と名のつくものがあまり好きではありません。

「…仕事しているとさぁ、"売上" とか "単価" とか数字がいっぱい出てきて、うちの課の先輩は数字の意味がわかってるからどんどん取引先と話を進めてるんだけど、気づくと私だけ話に置いてかれてねぇ…」

河崎は、私が聞きもしないのに愚痴ともつかない受験のきっかけを話し始めていたが、私にも思い当たるような経験がありました。同じ部署の先輩と取引先に出かけて、先輩が受注・発注に関する説明をしている際に、"受注高" や "検収基準" といった言葉がでてきたが、私は話の内容の具体的なイメージができないまま、その場に参加していましたが、最初のうちは、仕事上の経験の差と思って仕方がないとあきらめていましたが、いつまでたってもわからないままでいるのは、多少具合が悪かった。

「…ちょっと信川君、聞いてるの？」

いつのまにやら聞いていなかったらしい。河崎が少し怒った顔で私を見上げていました。

「信川君、どうせ1人で映画でも見に行くつもりだったんでしょうから、ちょっとお姉さんに付き合いなさい。」

「先輩の話よりも映画のほうが気になるんだけれどもな…」と思っていたのが顔に出ていたのか、図星だった私はおとなしく河崎に従うことにしました。河崎にしてみれば、私の唯一ともいえる趣味らしきものが映画鑑賞であることをサークルの休憩中に聞いて覚えており、かつ、どうみても今日の私がデート向きの格好ではないことから、カマをかけただ

3　プロローグ　簿記との出会い・付き合い

けだったのですが。

2 喫茶店にて

2人は駅前の喫茶店に入り、ブレンドコーヒーを注文し、席に着きます。

「じゃーん、今日はこれを受けてきました！」

河崎は、横の椅子においたトートバッグからテキストらしきものを取り出して、私に見せてきました。

「…簿記検定試験ですか。」

表紙を見て私が答えました。私でも簿記検定試験がどのような試験なのかくらいの知識はもちあわせています。サークルの仲間でも商学部や経済学部の学生が受験していたのを覚えています。当時も、私は法学部の自分には関係ないと思っていたので、そこまで真剣には知ろうともしなかったのですが、同じ法学部を卒業しメーカーに就職した河崎が、簿記検定試験を受けていたのには少々驚きました。

「6月に3級受けて、今回は2級だったんだけど。ちょっと難しくてねぇ。」

スプーンでコーヒーをかき回す河崎の口振りでは、どうやら試験はうまくいかなかったらしい。ということは、結局、この喫茶店で先輩の愚痴に付き合わされるのか、と私はぼんやり考えていました。

4

「…さて、信川君に質問です。君の会社の〝年商〟はどれくらいでしょう？　わからなかったら調べてもいいよ。」

急に聞かれた私は、もちろんのことわかりません。〝年商〟ってたしか1年間の取引高じゃなかったっけ、と思いながら、「○○○株式会社　年商」とスマートフォンで検索してみました。画面には、会社の売上動向が出てくるが、いったいどの数値が年商にあたるのか、やっぱりわかりません。

「…降参。うちの会社の年商、金額じゃないみたい…」

河崎が私のスマートフォンの画面を覗き込んできます。河崎もさっき質問の前にスマートフォンで調べていたので、わかっているのかと思ったら、どうやら私の調べていたページが違うらしい。

「年商っていうのは、〝1年間の売上高〟なわけ。ということは、売上高が載っている書類を見つけなくちゃ！」

河崎が見せてきたスマートフォンの画面には、私の勤務先の〝損益計算書〟なる書類が小さな字で表示されていました。ソンエキケイサンショ。その書類を私は見たことがあるような気がします。あれはいつだったか、会社の研修だったか、それとも会議か。河崎の講釈は続きます。

「会社がどうやっていくら稼ぎ出しているのかを明らかにするのが〝損益計算書〟で、そ

のためにどんな財産をもっているかを明らかにするのが"貸借対照表"。この2つの財務諸表を作るために、企業が日々の活動をお金で記録しているのが"簿記"…」

そういえば河崎にテニスもこんなふうに教わったなあ、と私が懐かしがっていたのが河崎に伝わったらしい。微笑んだ河崎がコーヒーを一口飲んでから、また喋り出します。

「会社のいろんな数値を知っていると、企業の全体が見通せるようになるし、自分がやっている仕事が会社にどう貢献していくのかも、少しずつわかってくるようになるよ。ちなみに、『会計がわからんで経営ができるか』って言っている経営者もいるくらい…」

河崎は、学生の時からいろんな書籍や知識を自分の糧にして、それを同じ学部の後輩にも普及させようとすることがあったことを、今さらながらに私は思い出していました。「これは、きっと来るぞ」と、私が思っていると、河崎がその言葉を口にします。

「…ということで、信川君も簿記の検定試験を受けてみない？」

私は「来た！」と、予想が当たったことに心のなかでガッツポーズしました。そして答えます。

「でも、先輩。僕がめんどうくさがりやなの、知ってるでしょ？」

「うっ…」

今度は、河崎が大学生のときの私を思い出すことになります。本人は、その都度「このほうが合理的」って言いさがりやのエピソードは事欠かなかった。

6

訳してたけど、どんなに長いメールを送っても返信が数文字しか書かれないって、私と同期の女子が嘆いてたっけ…

それでも、河崎はダブルスを組んだこともある私の性格をよく知っていました。私は負けず嫌いで、かつ、おだてに弱いのです。河崎は攻め手を変えてきます。

「でも信川君、学部時代にあれだけ法律の条文が覚えられなかった私でさえ、簿記3級に合格してるんだよ。それなのに信川君は簿記のボの字も知らないわけでしょ？ あれだけ自慢げに条文を諳んじてた信川君なら3級なんてすぐに受かるって。3級飛ばして、2月に2級受けてもいいくらい。」

河崎は、検定試験の仕組みと日程を私に説明するために、スマートフォンを手に取ります。さて、どこから説明したものか…

「誰でも受けられる簿記の検定試験には、2つの種類があってね…」

河崎は、トートバッグからルーズリーフ1枚を取り出して、私に説明し始めました（図表序—1参照）。

私も河崎の説明に耳を傾けます。就職して2年目、仕事に役立つものならば、資格の1つや2つを取っておくのも悪くないと思ったからです。

「4級なんてのもあるんだ…」

河崎の丁寧な説明のおかげで、私は簿記検定についての概要を理解しました。ただ、仕事

7　プロローグ　簿記との出会い・付き合い

図表序－1　簿記資格試験の概要

	全経簿記能力検定試験	日商簿記検定試験
級とレベル	【上級】（受験料：7,000円） 商業簿記・会計学・工業簿記・原価計算について高度な知識を有し、併せて複雑な実務処理能力を有する。（試験時間：商簿・会計90分＋工簿・原計90分） 【1級】（受験料：3,000円） 商企業と工企業における経理責任者として必要な商業簿記および工業簿記に関する知識を有し、かつ高度な実務処理ができる。（試験時間：会計90分＋工簿90分） 【2級】（受験料：1,500円） 個人企業と法人企業の経理担当者または経理事務員として必要な商業簿記および工業簿記に関する知識を有し、かつ実務処理ができる。（試験時間：90分） 【3級】（受験料：1,200円） 個人企業における経理担当者または経理補助者として必要な商業簿記に関する知識を有し、かつ簡易な実務処理ができる。（試験時間：90分） 【4級】（受験料：1,000円） 商業簿記に関する基礎的な知識を有し、かつ初歩的な実務処理ができる。（試験時間：90分）	【1級】（受験料：7,500円） 大学程度の商業簿記、工業簿記、原価計算ならびに会計学を修得し、財務諸表規則や企業会計に関する法規を理解し、経営管理や経営分析ができる。（試験時間3時間） 【2級】（受験料：4,500円） 高校程度の商業簿記および工業簿記（初歩的な原価計算を含む）を修得している。財務諸表を読む力がつき、企業の経営状況を把握できる。取引相手の経営状況もわかるので、株式会社の経営管理に役立つ。（試験時間：2時間） 【3級】（受験料：2,500円） 財務担当者に必須の基本知識が身につき、商店、中小企業の経理実務に役立つ。経理関連書類の読み取りができ、取引先企業の経営状況を数字から理解できるようになる。（試験時間：2時間） 【4級】（受験料：1,600円） 簿記入門編。小規模小売業の経理に役立つ。取引を仕訳でき、複式簿記の仕組みを理解している。（試験時間：1時間30分）
試験実施時期	上級の試験は7月・2月に、1～4級の試験は7月・11月・2月に行われる。	1級の試験は6月・11月に、2～4級の試験は6月・11月・2月に行われる。

のほかに勉強してまで、これらの資格を取りたいと思うかどうかは、いまのところ五分五分なのが正直なところでした。

「うーん…」

私は悩みました。たしかに、この頃は仕事もこなせるようになってきたし、休日はこれといってやることもないし、勉強に取られる時間もそこまで負担になりそうにはない。また、今、勉強を始めれば、2月の試験までに十分な勉強時間も確保できそうではある。あとは自分のモチベーションか…。そういえば、小さいときからご褒美がもらえないと、親から言われた風呂掃除とかもしなかったからなぁ…と、私は自分の性格を思い起こす。

「受けてみようかなっていう気はありそうだけど、いまひとつ乗り気じゃないのね?」

腕組みをしてうんうん呻っている私を見かねて、河崎がいいます。

「そうだなぁ…、もし3級をいっしょに勉強し合う仲間がいればやる気もでるかしら。それとも、丁寧に教えてくれる先生がいれば切磋琢磨するだろうし、教え合うこともできます。さらに身近に勉強し合う仲間がいればやる気がでるかしら。先生がいれば、わからないところを質問することができるでしょう。私にとってはなかなかありがたい提案ではあります。でもそんなにおいそれと勉強仲間なり先生なりが見つかるものだろうか。そういえば、私は河崎が簿記をどこでどのように勉強したのか、まだ聞いてい

9　プロローグ　簿記との出会い・付き合い

なかったことを思い出しました。
「そういえば、河崎先輩、試験受けるにあたっての勉強はどんなふうにやってたんですか?」
「うーんと、3級はテキストと問題集、2級はそれに過去問が加わった感じ。通信教育だったり、予備校に行ったりはしてないよ。ただ、わかんないところは康次君に聞いて…」
康次君? あ、大塚先輩のことか。私はテニスサークルの幹事を務めていた商学部出身の先輩を思い出しました。河崎先輩と同期だったっけ。今はたしか会計事務所に勤めているはず。ははーん、河崎先輩が簿記の資格試験を受けた理由ってそのあたりか…。
「…とゆーことは、さっきの先生ってのは大塚先輩ですね。」
「そう、そのとおり。」
大塚の名前がでてくると、河崎がすこしはにかんだ表情になったのを私は見逃さない。先生が大塚先輩なのはわかったけど、じゃあ勉強仲間って誰なんだろう。
「…で、3級の勉強仲間なんだけど、信川君、奈緒ちゃんって覚えてる?」
忘れるはずもない。渋谷奈緒はサークルの1年後輩で、同じ学部だったせいか、よく話していました。というよりも、何かにつけて私が話しかけていました。
「奈緒ちゃんが3級受けるんですか?」
私は大学を卒業してからというもの、毎年開催されているサークルのOB・OG会に運悪

10

く出席できていなかったので、サークルのメンバーにはほとんど会ってきていませんでした。渋谷さんと一緒に勉強できるのならば、1人で勉強するよりもやる気は断然出る。私の食い付きがよかったので、河崎は安心して先を続けます。

「奈緒ちゃんが、会社で上司に簿記を勉強しろって言われたらしくて、それを康次君に相談して来ててね。メールが来たのが先週だから、さすがに今日試験を受けたってことはないだろうけど…。せっかくだから信川君と一緒に勉強すればどうかなぁと思って。」

私は2月に簿記の試験を受けることに、だいぶ気持ちが傾きました。簿記が仕事に役立つ資格だとは言われてはいても、実際にどう役に立ってくるのかはまだ未知数です。それに対して、サークルのかわいい後輩と久しぶりに一緒に勉強するのは、私にとって大事なことのように思えました。

「…さて、やる気も出たことでしょうから、さっそく信川君のためのテキストと問題集を買いに行きましょうかね。」

河崎は机の上のテキストや筆記用具を片付けると、カップをトレイに載せて、席を立ちます。私も同じように席を立ち、2人で喫茶店を出ます。

…このあと、私は映画が3本はゆうに見れるほどのお金をテキストと問題集に〝先行投資〟することになります。はたして、この投資は成功するのでしょうか、しないのでしょうか。

Ⅱ 主婦：簿記との付き合い

1 主婦とお金

　主婦にとって、お金の管理は重要です。それは限られたお金をどれだけ有効に使えるかが家族に影響を与えるからで、主婦の腕の見せどころだからです。わが家には、主人と子供が2人おり、正直な感想としてお金はいくらあっても足りない状態です。

　家庭にもよるのでしょうが、主婦の扱うお金は多岐にわたります。うちは、出費の管理は基本的に私の担当になっています。食料品、衣料品はいうまでもなく、電気、水道、ガスなどの支払い、家賃、保険、医療費、新聞代、電話代など、挙げていけばきりがありません。

　できるだけおいしい食事を作りたい。しかし、日々の出費となるので安く済ませたい。このようなジレンマが、安売りチラシの少し遠いスーパーに買い物に向かわせるのです。

　また、上の子がやっと幼稚園に入園しましたが、入園にも幼稚園指定のスモックなど、何かとお金がかかり、その後もイベントが続いています。ママ友の話を聞いて、情報は集めますが、初めての経験で割高な出費となってしまいます。下の子ももうすぐ幼稚園なので、その時はもっとうまくやりくりしようと考えてしまいます。

　ただ、節約ばかりしようとしても、人生がつまらなくなります。たまには外食もして、いつも仕事をがんばっている主人においしいものも食べてもらいたいですし、自分の洋服も買

いたい時もあります。子供たちにアンパンマンミュージアムに行きたいと大騒ぎされるとたまには連れて行ってあげたいと思います。

とはいえ、子供の成長を考えると、少しでも貯蓄をしておかないと将来が不安になります。何とかうまくやりくりをし、少しでもお金が残るような生活にしなければといつも考えてしまいます。主人には申し訳ないですが、お小遣いは子供が大きくなるまで控えめでガマンしてもらわざるをえません。

2 主婦にとってのお金の特徴

近頃は、共働きの夫婦も多いようですが、わが家は主人の仕事の収入だけです。私も結婚するまで仕事をしていたので、子供がもう少し大きくなったらパートなどはしたいと思いますが、現在は主人の稼いでくるお金を大事にやりくりしなければなりません。

ときどき思うのですが、世のなかには2種類のお金があるのではないかと考えます。1つは、会社のなかで使われるお金で、接待と称し高いお金でお酒を飲んだりしてくるものです。これも仕事とわかっていても、主人が飲んで帰ってくると、ちょっとイラッとすることがあります。

もう1つは、主婦が使うお金で、10円安い野菜を買いたくて自転車で遠くまで買い物に行ったりするものです。もちろん、お金の価値が変わるわけではないですが、支払いの良心

とでもいうものが違うのではないかと思います。仕事の経験があるので、売上などの収益を生み出すお金とそうでないお金の違いは理解していますが、桁の違う出費に違和感をぬぐえません。

ともかく、主婦のお金は、収入の範囲内でやりくりをしなければならないという制約があります。使ってよければ、いくらでもお金を使いたいところですが、うまく月収の範囲内でやりくりをしなければなりません。また、やりくりには、貯蓄とは別に余裕をもっておく必要があります。

たとえば、急に子供が体調を崩すこともあるからです。小さい子供は、急に39度の熱が出たり、それでも元気にはしゃいでいたりと驚かせてくれます。近頃は、予防接種などのお金は市役所などに負担してもらえるのでありがたいですが、風邪薬などの出費も考えておく必要があります。

また、友人の結婚式や葬式などの出費があることも忘れてはいけません。祝儀だけでなく、美容室や服のお金も必要になるかもしれません。これらのお金も念頭に毎月のやりくりをしなければなりません。

主婦は、自分でお金を稼いでいるわけではないので、使うお金を上手に管理して、毎月のやりくりをしなければなりません。外で仕事をする主人とは、別のところで主婦は大変なのです。

3 主婦に必要なお金の管理のアドバイス

主婦にとって、毎月の収入の範囲内でやりくりするために、お金の管理は重要です。主婦にとってお金は、支払うだけのものなので、いわゆる複式簿記のきちんとした帳簿は必要ありません。

当然、経理の仕事を経験したことがある人で、事務仕事が得意な人であれば、しっかりした帳簿をつけるメリットはありますが、最低限、日々の支出を管理し、毎月の収入の範囲内に収まっているかどうかの確認は、支出の金額がわかれば十分です。このため、単式簿記という方法で十分です。つまり、会社の経理では経費明細帳という帳簿で、支払いのみを記載する方法です。

私も経理の仕事の経験があり、帳簿をつけること自体は苦手ではありませんが、実はめんどうくさがりなところがあると自覚しています。だから、できれば毎日、家計簿を丁寧に作成するのは、正直なところ厳しいです。小さい子供たちの面倒を見ながら、炊事洗濯掃除とやらなければならないことが目白押しな毎日です。

ここに、丁寧な家計簿を毎日記入しなければならないと言われたら、心が折れてしまいそうになります。しかし、主婦にとってお金の管理は、毎月のやりくりのために欠くことができない重要なものであることはよく承知しています。このため、支払いに関する事項だけ、1週間に一度程度、家計簿に記入するようにしています。

ここで重要になるのは、レシートなどをきちんと保管しておくことです。また、レシートのない支払いをした場合には、「いつ」、「何を」、「いくら」支払ったかのメモを付箋などに記載し、レシートと一緒に管理しておくのでしょう。まめな人であれば、これらを毎日、家計簿に記入すればよいのでしょうが、あとでまとめて処理することができ、作業も効率的です。

大きなスーパーのレシートであれば、支払った金額だけでなく、何を買ったかも記載されているので、数日たって忘れてしまってあとで家計簿に記入することができます。また、レシートを保存しておくと、まれにですがあとで機械が故障などしたときに、レシートを見せると販売店の補償を受けやすくなる場合もあったりします。ただ、レシートの保存は、結構かさばるので、少額のものは家計簿に記入したあと、処分するなり、別の大きな袋に移すなりするといいでしょう。

また、家賃などは、銀行の口座から直接引き落とされているため、この管理も必要です。口座引き落としによる支払いも、家計簿にそれぞれ記入すると、家計簿で支出の管理ができるので見やすくなります。しかし、これもめんどくさい人には、通帳のコピーを家計簿と一緒に管理する方法もあります。これなら、毎月、家賃のように定額で同じ内容の項目を繰り返し書く必要がなくなります。

4 主婦にとってのボーナスとその管理

わが家にとって、臨時的なお金の収入として、ボーナスがあります。臨時的といっても、年2回決まった時期に受け取るお金ですが、ボーナスとは異なる性格があります。毎月のやりくりと違うのは、臨時的な収入が車検などの車のお金やパソコンの購入のような多少大きな金額の臨時的な支出に充てることになり、家計に回ってこないからです。

ただ、毎月のお金のやりくりとの関係もあります。これは、主人と話をして、ある程度の大きな金額の買い物はボーナスの時にすることとしており、この分は毎月のやりくりから離して考えることができるからです。

毎月のやりくりから離して考えることができるのはいいのですが、主人にまかせるとパソコンなどをより新しく、より高いものを買おうとするので注意が必要です。ボーナスとはいえ、限られたお金ですし、できれば少しでも余らせて貯蓄や家計に回したいとも考えています。大きな金額の買い物には、男性的な思い切りも大事とは思いますが、無駄な出費には常に気を付けるのが主婦というものです。

なお、ここでの大きな支払いは、家計簿の通常のページには記載しないことにして、最後のページに別にメモを残すことにしています。そうしないと、他の月と比べてボーナスの月だけ支払額が多くなってしまうからです。また、ここで買うものは、数年間使うものが多く、レシートに保証書が付いている場合もあり、他のレシートと一緒にして捨てたりしない

ように管理する必要があります。

このようにボーナスについては、毎月のやりくりとは別にお金の管理をしており、家計簿も別のページに記入しています。ここで、ボーナスの使い道は主人と話し合いをすることにしています。主人はパソコンの買い替えを主張しますが、私も洗濯機や冷蔵庫をもっと新しいものにしたいとがんばります。

限りあるお金なので、どちらもわがままばかり言っていてもしょうがないのですが、子供が大きくなるにつれ、食べる量も増え、汚す服の量も増えてきています。仕事にも利用するパソコンも大事ですが、家庭を守る主婦として重要性を主張しなければならないのです。ただ、このような話し合いで、主人に主婦の苦労が伝わるようで、この話し合いも重要なものとなっています。

5 お金の管理と夫婦の話し合い（家計における簿記の役立ち）

主人は、家事全般が苦手と公言している人で、家計の話をしてもちっともわかってくれません。多少は私の苦労を理解してくれているだろうと期待はしていますが、期待するだけ無駄かもと思うことも少なくありません。

しかし、年2回、必ず主人と家計簿を見ながら話し合いをしています。ちょうど、ボーナスの買い物の話し合いも必要なので、ボーナスの時期に一緒に話し合いをすることにしてい

18

ます。

主人は、会計の仕事をしているので、家計簿の内容は理解してくれるのですが、私以上にめんどうくさがりな人のため、私が記入した家計簿はあまり丁寧には見てくれません。このため、半年分の支払いを、食費、服代、医療費などに区分し、集計しておきます。こうすると、めんどうくさそうにではありますが、見てくれます。ただ、このように集計すると、自分でも毎月の各項目の支払いの増減が確認でき、支払った感覚と同じものも多いのですが、ずれていることもあり、改めて節約を考えさせられたりします。

家計簿と集計したメモを見て、もらえる給料と支出の比較をして、現在の生活水準を夫婦で話し合います。2人で、収入を超える支出になっていないか確認したうえで、過度な節約になっていないかも話し合います。お金は重要ですが、過度な節約をして人生がつまらなくならないようにしたいと考えています。とはいえ、子供が大きくなるにつれ、支出も増加傾向にあり、子供の将来も考え可能な限り節約しようという話し合いになることが多いです。

この年2回の話し合いは、単に家計を見直すというだけでなく、現在の生活の問題や子供の将来を考える、いい機会になっています。いわゆる複式簿記のきちんとした帳簿でなくとも、家庭の生活に必要なお金の情報が整理でき、このお金の情報に基づき今後の方針を考えることができるところに、簿記の役立ちがあるものと思います。

6 再就職の簿記の役立ち

現在の生活では、家計簿を作成し、主人と将来の話し合いをする道具として、簿記を利用していることになるのでしょう。しかし、これからの生活を考えると、子供も手が離れれば、また仕事をしたいと考えています。仕事では仕事の簿記（経理）があり、ここでは家計簿よりもしっかりとした簿記が求められるでしょう。結婚前の仕事からブランクが空いてしまい、いろいろと忘れていることもあり、簿記検定を取りに行こうと考えています。

子供の手がかからなくなるといっても、若い時のように遠くの会社まで通勤することは難しいというのが実情です。できれば、パートでもいいので、近所の会社や会計事務所などで働けると理想的ですが、ハローワークでは「要簿記2級」のような条件が多いです。しかし、お結婚前の会社では経理部に配属され多少の仕事をしてきましたが、簿記検定は受けたことがなく、今思えば学生のうちに資格を取っておけば良かったと後悔しています。これからのためにも、簿記を勉金と同じようにやりくりすれば作れるのが主婦の時間です。強しなおしたいと思います。

また、実現できるかわかりませんが、主人は、いつかは脱サラして起業し、趣味である釣りの道具を扱うお店を開きたいと考えているようです。先立つものも、お店を開くノウハウもまだないのですが、もしこの夢が実現するのであれば、私としても協力してあげたいと考えています。できれば、主人のお店の経理を手伝ってあげたいと考えています。このために

も、簿記の勉強をしなおし、いつかの夢のための準備をしたいと考えています。

第1部 簿記と私

第1章 お家で簿記を使う

Ⅰ 家計簿

今日は母の誕生日なので、家族で食事をすることになりました。

「今日は誕生会を開いてくれてありがとう。食事の用意をしなくてもいいように気を遣ってくれたのね。正彦や美穂が早く学校を卒業してくれるととても楽になるんだけど…。家のローンもまだまだたくさん残っているし、父さんの給料も会社の業績悪化で去年より1割カットになっているし、本当に家計は大変なのよ。だけどみんな元気なのがなによりね。」

「母さん、今日の食事代、心配しなくていいのよ。私たちの夏のアルバイトからのプレゼントよ。母さんはいつも家計のことを気にするんだから。」

「あなたたちも結婚して子供を育てたらわかりますよ。」また言ってると思って気にしなかったのですが、数日後、好きな堺雅人主演ということで何気なく借りてきたDVD『武士の家計簿』を見ました。その映画は、第2回新潮ドキュメント賞を受賞した磯田道史著『武士の家計簿『加賀藩御算用者』の幕末維新』（新潮社、2003年）を森田芳光監督で映画化したものでした。

江戸時代末期、加賀藩「御算用者」を担っていた猪山家の8代目である猪山直之が、多額の借金返済に奔走する姿や猪山家の家庭の様子を描いたもので、母の言う家計の大切さについて考えさせられました。

また、先日、バイト先の書店で新刊本の展示コーナーの準備をしていた時、『ゲゲゲの家計簿』（小学館、2012年）が目に留まりました。それは、昨年、家族旅行で鳥取の境港に行った時に「ゲゲゲの鬼太郎」で有名な漫画家水木しげるの作品ということがわかり、普段はあまり書名を気にかけないのですが、母の言葉や映画のためか、つい買ってしまいました。

貧乏暮らしの貸本漫画家時代から、雑誌の人気作家になる寸前までの家計簿を題材に描いた作品で、一気に読んでしまいました。その後、今の自分の生活資金やゲゲゲの家計簿の残高という言葉が私の脳裏から離れないでいました。困ったら親に助けてもらうつもりでい

数日後、私の金銭面の状況を振り返ってみました。

24

たので、生活はまったくどんぶり勘定そのものでした。学費は親に面倒見てもらっているし、なんとなくバイトで生活できている状態でした。

友人の理佳が、学費も自分で払っているのと比べると、親に感謝しなければと思うようになりました。そこで現在のわが家の状況が気になりました。母に尋ねると、家計簿をつけてみるのが一番いいということでした。

「私なんか、家計簿つけてもう20年になるのよ。よその家は知らないけど、とても家計に役だっているのよ。きっかけは大学の『家庭経済学』担当の今野先生の影響よ。あなたにも教えてあげるから、家の家計簿をつけるのを手伝って。」

「じゃ、やってみるから教えて。」

「家計簿は、家計の収支状況を把握したり改善しようとするときに役に立つのよ。いままで小遣い帳なんかつけたことあるの？」

「小遣い帳なんて、習ったこともつけたこともないし。」

「ほんとに？　昔は小学校で習って、宿題としてつけていたものよ。」

「小遣い帳のつけ方も学校で習ったの。」

「家計簿も小遣い帳と同じよ。普通の家計では、収入は給料なんだけど、株式などの有価証券の売買による収入、預金利息収入、不動産の運用による家賃、地代による収入を得る場合もあるのよ。わが家では、株式とかの投資には今のところまったく興味がないので収入は

給料と利息だけ。次に支出の支払い方法として、現金払い、クレジットカードよる支払い、銀行口座からの自動振り替えがある。公共料金、水道光熱費、保険料、ローンの支払い、インターネット費用は自動振り替えにしているけど。カードで購入すると便利だけどつい使いすぎてしまうような気がして、利用しないの。あなたたちの年代は違うかもしれないどこ。」
「次に支出項目について説明しておくね。毎月、固定的に支払うものや変動的に支払うものと区別しておくと便利なのよ。毎月必ず払わなければならない固定的な支出として、給料から差し引かれている所得税や社会保険料、食費（主食費と副食費）、住宅ローン返済、日用品代、水道光熱費、固定電話・携帯電話・インターネット代などの通信費、新聞代、生命保険代、自家用車のガソリン代、月割した各種保険（火災保険・地震保険や自動車保険）、子供の学校諸費用や塾費用（学習塾やおけいこ教室）、小遣い、積立貯金などがあり、変動的な支払い例として水道光熱費、医療費、衣服代、耐久消費材代やその修繕費、旅行娯楽費、貯金などがあるの。ただ、税金や社会保険は別として、どの項目が必ず固定的に必要な費用かについての判断は、各家庭により異なるのよ。」
「記帳はどのようにして行うの？」
「その記帳方法についてはいろいろあるの。毎日、収入支出について日記をつける方法は、日記をつけている人には便利なようだけど、1カ月や年間の収支合計や項目の明細を見たい場合、収入支出について項目別に集計する必要があるの。面倒だけど家計簿という帳簿を

図表1−1　家計簿の項目の例

羽仁もと子案『予算生活の家計簿』（婦人之友社）純生活費・副食物費・主食費・調味料費・光熱費・住居・家具費・衣服費・教育費・交際費・教養費・娯楽費・保健衛生費・職業費・特別費・公共費・自動車費
『新実用家計簿』（永岡書店）食費・嗜好品費・生活雑費・交際費・交通費・教育費光熱費・住居費・貯蓄保険
『新型家計簿』（高橋書店）主食・副食・嗜好品・外食・光熱費・住居費・交際費・交通費・教育費・貯蓄保険

作って、そこに収入支出の明細を記入する方法が便利なの。記入時に支出を項目別に分類しておくと、項目別に再度集計しなおす手間が省けて便利だから、最近の家計簿では各種の代表的な支出項目が記入される帳簿も販売されているみたい（図表1−1）。忘れてた、記帳の前にやっておかないといけないことがあるのよ。」

「何なの？」

「家計の予算を立てることなの。初めての場合は立てにくいかもしれないけど、予算を立てることで予算計上していない支出を抑制したり、いわゆる衝動買いを防いだり、節約生活を行うために効果があるといわれているの。将来の生活改善に役立つのよ。

最近、クレジットカードでの決済や割賦での購入が増えている状況では便利な反面、消費しすぎて、月末あるいは年度末に支出超過に陥る可能性があるので、単に家計簿をつけるだけでなく、予算を立てることがとても大切なの。」

「バイト先の会社ではよく予算の話を聞くけど、家計でも大切なのね。」

図表1－2　記帳を続けるためのルール

- 帰宅したら，おさいふは家計セットのかごへ。財布からレシートを出し，クリップでひとまとめに。レシートのないもの，立て替えは忘れないうちにメモしておく。
- 記帳は毎日。忙しくても3日以上ためない。
- 光熱費の請求書やクレジットカード利用明細の「一時ファイル」を決める。届いたらそのファイルにまとめておく。
- 口座管理―銀行へ行くのは15日と月末の月2回。通帳記帳をし，口座引き落としを確認。生活費のための現金もこの時おろす。
- 通帳に印字した口座引き落としを請求書や利用明細と確認し，家計簿に記帳。記帳後は，「一時入れ」から整理用ファイルに移動。

出所：「どうしたら，記帳を続けられるでしょう」『婦人之友』第105巻1号，2011年1月，118頁。

「そうなの。」

「でも毎日記録するの大変じゃない？」

「そうね。時間に余裕がある人は支出した品目を毎日記録していくことができるけどね。ふつう品目を記入したノートにレシートを貼り付けたり，クリップで閉じておいて，一定期日（たとえば1週間）ごとに各品目の総額を記入する方法も便利よ。だけど継続して記帳することが重要なんだけど，多くの人は家計簿が重要なのは理解できるんだけど，記帳が長続きしないの。そうそう，雑誌に載ってたけど，記帳を続けるためのルールを読んで参考にしなさい（図表1－2）。」

「ほかに注意することはないの？」

「そうね。市販の家計簿にはないけど，財産や備品等という項目を一覧にした表（正味財産表）を作成しておくと，家庭の現在の正味財産額が把握できて便利よ。そして，クレジットカードで決済する場

28

家計簿（平成×年1月）

	内訳項目	予　算	実　際	差引	メ　モ
収入	給料（夫）	460,000	450,000	10,000	
	賞与（夫）	250,000	200,000	50,000	予算は前年度分の月割
	給料（妻）	390,000	370,000	20,000	
	賞与（妻）	120,000	100,000	20,000	予算は前年度分の月割
	利息	150	120	30	
	その他				
	収入合計	1,220,150	1,120,120	100,030	
	累計				
支出	社会保険料	150,000	140,000	10,000	
	税金	80,000	75,000	5,000	
	固定資産税	20,000	20,000		
	積立貯金	80,000	80,000		
	主食費	70,000	68,500	1,500	
	副食費	60,000	57,000	3,000	
	水道光熱費	20,000	23,000	△3,000	
	住宅ローン返済	110,000	110,000		
	固定電話・インターネット諸費用	7,500	7,500		
	携帯電話	21,000	21,000		
	新聞代	3,700	3,700		
	生命保険料	23,000	23,000		
	火災地震保険料	3,000	3,000		
	自動車保険	15,200（2台）	15,200		
	自動車燃料代	10,000（2台）	9,600	400	
	学資保険	22,000	22,000		
	長男学校諸費用	9,000	8,900	100	
	長男　塾代	25,000	35,000	△10,000	
	小遣い	3,000	3,000		
	長女学校諸費用	6,000	6,500	△500	
	長女　塾代	20,000	25,000	△5,000	
	小遣い	2,000	2,000		
	医療費	10,000	7,000	3,000	
	衣服代	35,000	45,000	△10,000	
	日用品代	20,000	20,000		
	夫　小遣い	30,000	30,000		
	妻　小遣い	50,000	50,000		
	慶弔費	5,000	10,000	△5,000	
	その他				
	支出合計	910,400	920,900	△10,500	
	累計				
	差引	309,750	199,220	89,530	

正味財産表（平成×年12月）

	前年度末	当年度末	メ　モ
資産			
現金・預金	5,000,000	2,960,000	
建物（評価額）	15,500,000	15,000,000	固定資産税評価額
土地（評価額）	10,000,000	9,000,000	固定資産税評価額
備品	2,000,000	2,000,000	
計	32,500,000	28,960,000	
負債			
借入金	35,000,000	32,000,000	12月に3百万円入れ返済
計	35,000,000	32,000,000	
正味資産（財産）	△2,500,000	△3,040,000	

合、どの時点で支出として記録するかなんだけど、購入時に支出したとして記録する方法と、いったん購入時には未払いとして記録して、銀行口座からの引き落とし日に支出として記録する方法の2つが考えられるわね。やりやすい方法でいいのよ。この表は、あなたの高校の時の家計簿（平成×年1月）よ、教育費が大変だったんだから。」

30

Ⅱ　自治会の簿記

当番制だからしかたがないけど、わが家にも自治会の仕事が回ってきました。会長から「お宅はお勤めがあるから平日昼間の活動はしにくいと思うので、会計の仕事をやっていただきたい。」と言われ、しぶしぶ承諾しました。しかし、父は来月から2年間、転勤命令が出て、単身赴任で家にいません。

引き受けた以上、家の誰かがしないといけなくなり、兄も大学生ですが実験実習で忙しいので、結局、私が手伝うことになりました。大学では文学部で、簿記は一度も勉強したことがありません。この機会に簿記を勉強しても決して損にはならないと思い、簿記の専門学校に行こうと思いましたが、その学費の高さに驚いて断念しました。

そこで書店に行き、簿記の本を購入して自分で勉強を始めることにしました。読み始めてみたものの、貸付金は借方(かりかた)に記入したり、反対に借入金は貸方(かしかた)に記入したり、また、現金そのものでないのに勘定科目として売掛金や借入金や資本金という金のつく科目名が出てきました。

3分の1ぐらいのところで自分で学習するには無理だと思い、自治会会計の前任者でもあり、近くの短大や老人大学で簿記を教えておられる山中さんに無理を言って教えてもらうことにしました。

31　第1章　お家で簿記を使う

山中さんの説明によると、簿記を勉強していない者にとってもわかりやすい方法として、大原信久が考案し、明治の終わりから大正にかけて普及した収支計算簿記方法を用いたと言われました。また、自治会会計を担当する者がPCを使いこなせるとは限らないので、誰でもできる手書きによる方法にしたとのことでした。これからはPCを使いこなせる人が多くなることが予想されるので、時間があればPC化してそのマニュアルを作成するつもりだと言われました。

「自治会簿記には、帳簿として（1）現金出納帳、（2）財産目録、（3）収支計算表（報告用）が必要だ。建物や土地や備品が多くある場合は、固定資産台帳も必要だ。」

「毎日、現金出納帳に記帳するの？」

「収支のあった日に記帳するのが原則だけど、口座振り込みの場合、通帳の記帳を毎日行って確認することは通常できないと思う。支出の際に受け取った領収書も箱や袋に入れるなどして、たとえば1週間や10日ごとにまとめて記帳してもよいと思う。

いいかい、具体的な例を示すよ。まず、現金出納帳への記入から行う。左側が収入を表し、その原因を科目・摘要欄にて説明しておく。反対に右側は支出を表し、その原因を科目・摘要欄にて説明しておく。それから左右それぞれ月末に合計し、前月の繰り越しを収入側に記入したあと、それらの合計額から支出欄の合計額を差し引いた金額が次月の繰り越しとなるように締め切る。この次月繰越高は現金の帳簿残高を意味し、実際現金有高と一致する

32

はずだ。もし違っていれば現金の実際有高を記入し、帳簿残高との差額の原因を調べる必要がある。現金の管理と記入漏れに気を付けることを忘れないように。」

「単に合計するだけではだめなの？」

「そう。次に、日付順に記入した現金出納帳から、元帳という帳簿に科目別に集計しなおすんだ。収入欄に記入した金額は、そのまま同じ左側に日付と金額を移記する。支出欄に記入した金額は、同じように右側に移記する。」

「そのまま日付と金額を科目の同じ側に移せばいいの？」

「そのとおり。次に合計残高試算表という表を作成して移記の正否を確認し、科目ごとに残高を計算する。その残高を使って、例の形式のような収支計算書を作成する。予算欄への記入だけど、通常、前年の決算終了時に翌年の予算案を作成するので、それを見て1カ月に計算しなおして行えばよい。例では、1カ月決算として作成しているけど。」

「次に財産目録の記入例も掲げておく。建物や備品について会社のように減価償却を行って損益計算書（下記損益計算書）や貸借対照表（資産負債表）を作成することもできるけど、自治会の決算ではほとんど行われていないと思う。その場合財産目録に建物や備品の時価評価額を記入し、その金額を貸借対照表に計上する方法でもよいが。」

12日　自治会費収入　Ｇレストラン (5月より営業開始)

　　　＠¥700 × 8カ月 × 1世帯 = ¥5,600

15日　子供スポーツ助成金　　¥20,000

17日　防犯灯修理代　　　　　¥47,800

18日　消防班助成金　　　　　¥30,000

〃日　夏祭用提灯代　　　＠¥18,000 × 10 = ¥180,000

19日　連合自治会分担金　　　¥52,000

〃日　利息受け取り　　　　¥　250

20日　電気代　　　　　　　　¥35,000

21日　ガス代　　　　　　　¥ 3,300

23日　水道代　　　　　　　¥ 4,500

25日　自治会活動保険金　　　¥80,000

26日　公民館倉庫火災保険代　¥25,000

〃日　公民館コピー機メンテナンス代　¥17,000

28日　事務用品（用紙）　　＠250 × 20 = ¥5,000

　　　文具代　　　　　　　¥ 4,500

29日　会議費　　　　　　　¥ 3,000

　　　　　　　　　　　（ペットボトルお茶 ＠100 × 30）

30日　粗大ごみ手伝い謝礼金　＠¥2,000 × 3人 × 2日

　　　　　　　　　　　　= ¥12,000

31日　自治会費返金　　　　Ｃマンション（賃貸）

　　　＠¥500 × 10カ月 × 2世帯 = ¥10,000

　　　（X管理会社へ現金払い）

設例

4月1日　前月残高繰越　¥1,300,000

　5日　自治会収入　@¥500 × 12カ月 × 300世帯（個人）
　　　　　　　　　　＝¥1,800,000

　6日　自治会費収入（4月分）

　　　Cマンション（賃貸）@¥500 × 8カ月 × 5世帯
　　　　＝¥20,000（X管理会社より入金）

　　　Dマンション（賃貸）@¥500 × 8カ月 × 2世帯
　　　　＝¥8,000（X管理会社より入金）

　　　Eマンション（賃貸）@¥500 × 8カ月 × 1世帯
　　　　＝¥4,000（Y管理会社より入金）

　　　Fプラザ（賃貸）@¥500 × 8カ月 × 3世帯
　　　　＝¥12,000（Y管理会社より入金）

　7日　自治会費収入　Hコーポ（購入・4月完成5月より入居）
　　　@¥500 × 8カ月 × 10世帯 ＝ ¥40,000
　　　（Z管理組合より入金）

　　　木村五郎宅（5月新築・転居・購入）
　　　@¥500 × 8カ月 × 1世帯 ＝ ¥4,000

　　　山本大輔宅（5月新築・転居・購入）
　　　@¥500 × 8カ月 × 1世帯 ＝ ¥4,000

10日　大和川の清掃
　　　手当 @¥500 × 2時間 × 30人 ＝ ¥30,000

11日　清掃代戻り
　　　2人欠席 @¥500 × 2時間 × 2人 ＝ ¥2,000

現金出納帳(平成×年4月)

日付		科目	摘要	金額	日付		科目	摘要	金額
4	5	自治会費収入	300世帯	1,800,000	4	10	人足料	大和川清掃	30,000
	6	自治会費収入	Cマンション	20,000		15	助成金	子供会	20,000
	〃		Dマンション	8,000		17	修理代	防犯灯	47,800
	〃		Eマンション	4,000		18	助成金	消防団	30,000
	〃		Fプラザ	12,000		〃	消耗品費	祭提灯	180,000
	7		Hコーポ	40,000		19	分担金	連合自治会	52,000
	〃		木村五郎	4,000		20	水道光熱費	電気	35,000
	〃		山本大輔	4,000		21	水道光熱費	ガス	3,300
	11	人足料	戻り	2,000		23	水道光熱費	水道	4,500
	12	自治会費収入	Gレストラン	5,600		25	保険料	活動保険	80,000
	19	受取利息		250		26	保険料	建物火災	25,000
						〃	修理代	コピー機	17,000
						28	消耗品費	事務用品	9,500
						29	会議費	お茶	3,000
						30	人足料	粗大ごみ	12,000
						31	自治会費	戻し	10,000
		(合計)		1,899,850			(合計)		559,100
		前月繰越		1,300,000			次月繰越		2,640,750
		(合計)		3,199,850			(合計)		3,199,850

元　　　帳（科目別集計表）

自治会費収入

4/5	1,800,000	4/31	10,000
6	20,000		
〃	8,000		
〃	4,000		
〃	12,000		
7	40,000		
〃	4,000		
〃	4,000		
12	5,600		

保険料

		4/25	80,000
		26	25,000

水道光熱費

		4/20	35,000
		21	3,300
		23	4,500

会議費

		4/29	3,000

受取利息

4/19	250		

人足料

4/11	2,000	4/10	30,000
		30	12,000

修繕費

		4/17	47,800
		26	17,000

助成金

		4/15	20,000
		18	30,000

分担金

		4/19	52,000

消耗品費

		4/18	180,000
		28	9,500

合計残高試算表（合計残高集計表）

平成×年4月

収入		科　　目	支出	
残　高	合　計		合　計	残　高
1,887,600	1,897,600	自治会費収入	10,000	
250	250	受 取 利 息		
	2,000	人 　足 　料	42,000	40,000
		修 　理 　代	64,800	64,800
		助 　成 　金	50,000	50,000
		分 　担 　金	52,000	52,000
		水 道 光 熱 費	42,800	42,800
		保 　険 　料	105,000	105,000
		消 耗 品 費	189,500	189,500
		会 　議 　費	3,000	3,000
1,887,850	1,899,850	計	559,100	547,100
1,300,000		現 金 有 高		2,640,750
3,187,850		合　　　計		3,187,850

○○自治会　　　　収 支 計 算 表

平成×年4月

	予算額	決算額	増減額
収入の部			
繰越	1,300,000	1,300,000	
会費収入	2,000,000	1,887,600	112,400
補助金			
受取利息	300	250	50
合　　計	3,300,300	3,187,850	112,450
支出の部			
人足料	42,000	40,000	2,000
修繕費	70,000	64,800	5,200
助成金	50,000	50,000	
分担金	52,000	52,000	
水道光熱費	40,000	42,800	△ 2,800
保険料	105,000	105,000	
消耗品費	150,000	189,500	△ 39,500
会議費	3,000	3,000	
合　　計	512,000	547,100	△ 35,100
収支差額（繰越）	2,788,300	2,640,750	147,550

○○自治会　　　　　　　財　産　目　録
　　　　　　　　　平成×年4月

```
                         資　産
  現　　金　○○信用金庫　普通預金　　　　　　　　　　￥2,640,750
  建　　物
             ○○市○○町○番地　　　　200㎡　　　×年×月×日新築
             原価　　　　　　　　　　　　　　　　　￥8,000,000
  備　　品
             パソコン（1）　×年×月×日購入　　　　￥120,000
             テ レ ビ（1）　×年×月×日購入　　　　￥350,000
             机・椅子（20）　×年×月×日購入　　　　￥530,000
                         負　債
  借入金　　　　なし
```

○○自治会　　　　　　損　益　計　算　書
　　　　　　　自平成×年4月1日至平成×年4月30日

費　　　用	金　　額	収　　　益	金　　額
人　足　料	40,000	会　費　収　入	1,887,600
修　繕　費	64,800	受　取　利　息	250
助　成　金	50,000		
分　担　金	52,000		
水 道 光 熱 費	42,800		
保　険　料	105,000		
消　耗　品　費	189,500		
会　議　費	3,000		
減 価 償 却 費	333,000		
当 期 純 利 益	1,007,750		
	1,887,850		1,887,850

○○自治会　　　　貸借対照表（資産負債表）
平成×年4月30日

費　　　　用	金　　額	負債・純資産	金　　額
現 金 預 金	2,640,750	期首純資産	8,980,000
建　　　　物	7,075,000	当期純利益	1,007,750
備　　　　品	272,000		
	9,987,750		9,987,750

第2章 社会人、初めての一人暮らし

Ⅰ 家　賃

　私はこの春、MARCH大学を卒業し、某財団法人の職員として働いています。学生時代は兄と同居していましたが、就職を機会に一人暮らしをすることになりました。そう、初めての一人暮らしは、まず適当な住まいさがしから始まったのです。家探しをした2月頃の出来事を振り返ってみよう。

　住むところは勤務先まで1時間以内で、土地勘が働く学生時代に慣れた京王線沿線で探すことにしましたが、家賃はいくらまで大丈夫だろうか。それによってどの辺の駅に住めるのか、部屋の広さ、駅からの近さも変わってきます。学生時代の住まいは親と兄が家賃を支払ってくれていたから、あまり見当がつきません。4月からもらえる給与も実際にどれくらいなのか心配です。そこで私が所属していた研究室（ゼミ）の先生に相談してみることにしました。私のゼミでは、卒論指導が終わったあとの最後のゼミで、4月から社会人になる私たちに、労働法規や給与のこと、社会保険や税金について教えてくれていたのです。

41

図表２－１　20代社会人シングル男女の１人暮らしデータ

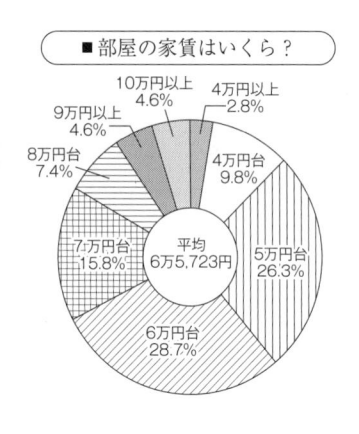

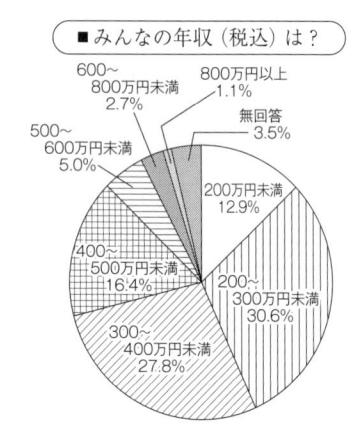

■部屋の家賃はいくら？

- 10万円以上　4.6%
- 9万円以上　4.6%
- 8万円台　7.4%
- 7万円台　15.8%
- 6万円台　28.7%
- 5万円台　26.3%
- 4万円台　9.8%
- 4万円以上　2.8%
- 平均　6万5,723円

■みんなの年収（税込）は？

- 800万円以上　1.1%
- 600〜800万円未満　2.7%
- 500〜600万円未満　5.0%
- 400〜500万円未満　16.4%
- 300〜400万円未満　27.8%
- 200〜300万円未満　30.6%
- 200万円未満　12.9%
- 無回答　3.5%

出所：リクルート社不動産・住宅サイト「SUUMO」ホームページより抜粋（2013年８月11日検索）。

「先生、私の初任給は20万円ちょっとのようなんですが、家賃はいくらぐらいまで大丈夫なんでしょうか。」と尋ねたところ「一般に、家賃は月収の４分の１から３分の１を目安にしたらよいといわれているよ。月収は20万円でも手取額は17〜18万円ぐらいになるから、月収を目安にするなら４分の１、手取額を目安にするなら３分の１なのかもしれないね。」と答えてくれました。ということは、家賃は５〜６万円の範囲にした方がいいということになります（図表２－１）。ボーナスの分を充てればもう少し頑張れそうですが、そんなにぜいたくはできなさそう。

II　初任給と手取額

住まいの方は、先生のアドバイスを参考に、西調布駅徒歩３分のアパートで、広めの

図表２－２　学歴別・職種別初任給水準

区　分	事務系 金額（円）	事務系 上昇率（％）	技術系 金額（円）	技術系 上昇率（％）	現業系 金額（円）	現業系 上昇率（％）
大学院（修士）卒	225,202	0.04 (0.18)	225,702	0.06 (0.14)		
大学卒	207,585	0.03 (0.20)	207,555	0.01 (0.16)		
高専卒			182,083	0.02 (0.12)		
短大卒	173,532	0.09 (0.18)	174,399	0.00 (0.04)		
高校卒	162,369	0.07 (0.15)	162,774	0.06 (0.08)	163,555	0.05 (0.04)

出所：日本経済団体連合会「2012年3月卒新規学卒者決定初任給調査結果の概要」（2012年10月29日発表）3頁（2013年8月11日検索）。

１Kの物件を家賃・共益費込み月6万円で契約することができ、卒業式前日の3月25日に無事引っ越しすることができました。アパートの入居にかかる敷金・礼金・3月分の端数家賃・4月分の家賃・契約手数料などの初期費用と新生活に必要な家具・家電類の購入費用は、アルバイトで貯めていたお金と両親からの就職祝いでなんとか賄えましたが、気になるのは4月から初任給で生活していけるかです。給与支給日は4月25日だと聞いています。実際に、給与のうち手取額はいくらになるのだろう。初任給は、図表２－２に合わせて207,585円であるとして、ゼミで配られたレジュメ（図表２－3のような給与明細書の読み方）をもとに計算してみました。

まず、4月の給与は満額支給される場合とそうでない場合があるといいます。給与支給額の対象となる給与計算期間というのがあるらしい。アルバイトのときと同様に、○日締め○日払いというのがあるのです。ゼミのレ

43　第2章　社会人，初めての一人暮らし

図表2-3　給与明細書の例

給与明細書　平成○○年○月分給与　　○○　○○様　　　　　　　　　　　　　　　　　　株式会社○○○○

支給	基本給	役職手当	資格手当	住宅手当	家族手当				
	200,000								
	残業手当	通勤手当					課税合計	非課税合計	総支給額合計
	62,500	24,000					262,500	24,000	286,500

控除	健康保険料	介護保険	厚生年金	厚生年金基金	雇用保険	社会保険合計	課税対象額	所得税	住民税
	8,200		14,496		1,575	24,271	238,229	3,500	7,000
	財形貯蓄		借上住宅						
									控除額合計
									34,771

勤怠	要勤務日数	出勤日数	欠勤日数					有給消化日数	有給残日数
	20	20	0						
	残業時間								
	10								

合計	累積課税合計								差引支給額
	238,229								251,729

出所：freshmanmoney.com ホームページより抜粋（2013年8月11日検索）。

図表2-4　給与計算期間と給与支給額との関係（締め日別）

20日締め（4/20）	4/1～4/20の勤務が給与計算の対象	20日分の支給（138,390円）
前月末締め（3/31）	3/1～3/31の勤務が給与計算の対象	支給なし（4月分は5月に支給）
当月末締め（4/30）	4/1～4/30の勤務が給与計算の対象	満額支給（207,585円）

ジュメによると、20日締め25日払いや月末締め25日払いというのが一般的なようです。月末締めには前月末締めと当月末締めがあるといいます。私の職場はどうなのだろうか。締め日別に図表2-4にまとめてみました。

初任給は満額かどうか、採用担当の方に聞いてみようか。支給される金額によって生活設計に影響するのでは心配です。

次に、給与明細書の控除欄が気になります。大きく分けて健康保険・厚生年金・雇用保険などの社会保険と、所得税・住民税の税金があります。これらの金額はどうやって決まるのだろう。ゼミで配られたレジュメを再度見てみました。

44

1 社会保険

学生のとき、社会保険はどうしていたんだろうか。そうだとしたら父の会社の健康保険証だったんだろう。健康保険は保険証のことだったかな。そうだとしたら父の会社の健康保険証だったんだろうから、実際には両親が立て替えてくれていません。年金は国民年金を20歳から納付してきましたが、実際には両親が立て替えてくれていました。雇用保険は、学生時代は縁がなさそうです。これから社会人になって給与をもらうとどうなんだろう。

たしか、健康保険・厚生年金保険の保険料は、被保険者（労働者＝私のこと）が会社などから毎月受け取る報酬額に基づいて、標準報酬月額というものを定め、どの等級に属するかによって、毎月の給与から控除される保険料が決まると習いました。支給額が207,585円だと、健康保険と厚生年金の保険料はいくらになるのだろう。この保険料も、私が働く会社が協会健保に属するのか、組合健保に属するのかなどで違うらしい。

とりあえず協会健保のデータで計算してみよう。図表2—5によると、私の給与から控除される健康保険料は9,970円、厚生年金保険料は17,120円です（4月～9月は、16,412円でした）。結構高いな。しかも平成30年まで毎年、年金の保険料率は労使負担分がそれぞれ0・354％ずつ上昇することが決まっているらしい。少子高齢化社会の影響はこんなところに出てくるのか。

次に、雇用保険の保険料はどうだろうか。雇用保険料は「雇用保険料＝被保険者の労働者

45　第2章　社会人，初めての一人暮らし

図表2-5 健康保険・厚生年金の保険料額表

平成25年9月分（10月納付分）からの健康保険・厚生年金保険の保険料額表

▶健康保険料率：平成24年3月分〜 適用　　▶厚生年金保険料率：平成25年9月分〜平成26年8月分 適用
▶介護保険料率：平成24年3月分〜 適用　　▶児童手当拠出金率：平成24年4月分〜 適用

（東京都）　　（単位：円）

標準報酬		報酬月額		全国健康保険協会管掌健康保険料				厚生年金保険料（厚生年金基金加入員を除く）			
等級	月額	日額		介護保険第2号被保険者に該当しない場合 9.97%		介護保険第2号被保険者に該当する場合 11.52%		一般の被保険者等 17.120%※		坑内員・船員 17.440%※	
			円以上〜円未満	全額	折半額	全額	折半額	全額	折半額	全額	折半額
1	58,000	1,930	〜63,000	5,782.6	2,891.3	6,681.6	3,340.8	16,777.60	8,388.80	17,091.20	8,545.60
2	68,000	2,270	63,000〜73,000	6,779.6	3,389.8	7,833.6	3,916.8	17,804.80	8,902.40	18,137.60	9,068.80
3	78,000	2,600	73,000〜83,000	7,776.6	3,888.3	8,985.6	4,492.8	18,832.00	9,416.00	19,184.00	9,592.00
4	88,000	2,930	83,000〜93,000	8,773.6	4,386.8	10,137.6	5,068.8	20,201.60	10,100.80	20,579.20	10,289.60
5(1)	98,000	3,270	93,000〜101,000	9,770.6	4,885.3	11,289.6	5,644.8	21,571.20	10,785.60	21,974.40	10,987.20
6(2)	104,000	3,470	101,000〜107,000	10,368.8	5,184.4	11,980.8	5,990.4	22,840.80	11,470.40	23,369.60	11,684.80
7(3)	110,000	3,670	107,000〜114,000	10,967.0	5,483.5	12,672.0	6,336.0	24,310.40	12,155.20	24,764.80	12,382.40
8(4)	118,000	3,930	114,000〜122,000	11,764.6	5,882.3	13,593.6	6,796.8	25,680.00	12,840.00	26,160.00	13,080.00
9(5)	126,000	4,200	122,000〜130,000	12,562.2	6,281.1	14,515.2	7,257.6	27,392.00	13,696.00	27,904.00	13,952.00
10(6)	134,000	4,470	130,000〜138,000	13,359.8	6,679.9	15,436.8	7,718.4	29,104.00	14,552.00	29,648.00	14,824.00
11(7)	142,000	4,730	138,000〜146,000	14,157.4	7,078.7	16,358.4	8,179.2	30,816.00	15,408.00	31,392.00	15,696.00
12(8)	150,000	5,000	146,000〜155,000	14,955.0	7,477.5	17,280.0	8,640.0	32,528.00	16,264.00	33,136.00	16,568.00
13(9)	160,000	5,330	155,000〜165,000	15,952.0	7,976.0	18,432.0	9,216.0	34,240.00	17,120.00	34,880.00	17,440.00
14(10)	170,000	5,670	165,000〜175,000	16,949.0	8,474.5	19,584.0	9,792.0				
15(11)	180,000	6,000	175,000〜185,000	17,946.0	8,973.0	20,736.0	10,368.0				
16(12)	190,000	6,330	185,000〜195,000	18,943.0	9,471.5	21,888.0	10,944.0				
17(13)	200,000	6,670	195,000〜210,000	19,940.0	9,970.0	23,040.0	11,520.0				

出所：協会けんぽホームページより抜粋（2013年8月11日検索）。

図表２－６　雇用保険料率

> 平成 25 年度の雇用保険料率
> 前年度から変更はありません。

　平成 25 年 4 月 1 日から平成 26 年 3 月 31 日までの雇用保険料率は，平成 24 年度と変わらず次のとおりです。

（平成 25 年度　雇用保険料率表）

事業の種類	①労働者負担（失業等給付の保険料率のみ）	②事業主負担	失業等給付の保険料率	雇用保険二事業の保険料率	①＋②雇用保険料率
一般の事業	5/1000	8.5/1000	5/1000	3.5/1000	13.5/1000
農林水産清酒醸造の事業	6/1000	9.5/1000	6/1000	3.5/1000	15.5/1000
建設の事業	6/1000	10.5/1000	6/1000	4.5/1000	16.5/1000

　厚生労働省／都道府県労働局／公共職業安定所（ハローワーク）。

出所：厚生労働省ホームページより抜粋（2013 年 8 月 11 日検索）。

　に支給した賃金給与の総額×保険料率」で算定されます。厚生労働省発表の平成 25 年度雇用保険料率は図表 2 －6 のとおりで，私の職場は一般事業所だから，雇用保険料は 207,585 円×0.5％で 1,038 円のようです。

　これで社会保険の控除額が計算できました。健康保険料，厚生年金保険料，雇用保険料の負担額は合計で 28,128 円です。これで差引支給額を計算すると 179,457 円です。

2　税　金

　控除される金額はこれだけではないのか。きついなぁ。給与から控除される税金には所得税と住民税があるらしい。所得税は私の場合，勤務先の給与から源泉

図表２－７　給与所得の源泉徴収税額表（平成25年分）

(二)　　　　月額表（平成24年3月31日財務省告示第115号別表第一）（167,000円～289,999円）

その月の社会保険料等控除後の給与等の金額			甲								乙
			扶　養　親　族　等　の　数								
			0人	1人	2人	3人	4人	5人	6人	7人	
以　上	未　満		税						額			税　額
円	円	円	円	円	円	円	円	円	円	円	円
167,000	169,000	3,620	2,000	390	0	0	0	0	0		11,400
169,000	171,000	3,700	2,070	460	0	0	0	0	0		11,700
171,000	173,000	3,770	2,140	530	0	0	0	0	0		12,000
173,000	175,000	3,840	2,220	600	0	0	0	0	0		12,400
175,000	177,000	3,910	2,290	670	0	0	0	0	0		12,700
177,000	179,000	3,980	2,360	750	0	0	0	0	0		13,200
179,000	181,000	4,050	2,430	820	0	0	0	0	0		13,900
181,000	183,000	4,120	2,500	890	0	0	0	0	0		14,600
183,000	185,000	4,200	2,570	960	0	0	0	0	0		15,300
185,000	187,000	4,270	2,640	1,030	0	0	0	0	0		16,000

出所：国税庁ホームページより抜粋（2013年8月11日検索）。

徴収されるとのこと。いくら徴収されるのだろうか。ゼミで習ったレジュメを見てみると、図表２－７のような税額表があるといいます。私の社会保険料等の控除後の金額は179,457円で、扶養親族はいないから、4,050円です。そういえば復興増税が平成49年度までかかって、基準所得額の2.1％を負担しなければならないから、この金額も今後昇給していけば増えていくことになるな。

次に、住民税はどうだろうか。住民税は前年度の所得に対して賦課課税されるようで、住民票に登録されている市区町村から住民税額の通知が来て、6月から支払うようです。会社勤めの人は特別徴収といって、所得税の源泉徴収のように

給与から控除されます。私の場合、昨年度はアルバイトをして収入はあったけど、所得税のかからない範囲の１０３万円以下であったから昨年の所得はないようで、今年は住民税が控除される心配はなさそうですが、２年目の６月から控除が始まるので、手取り額がさらに減ってしまうことになります。１年目の方が手取り額は多いのかもしれないな。

以上から税金の控除額は４,０５０円なので、これで差引支給額は１７５,４０７円です。だいぶ減っちゃったな。ほかにも組合費とか互助会費とか控除される金額があると、手取額は１７万円前後と考えておいた方がよさそうです。ここから家賃６万円を引くと残りは１１万前後です。水道光熱費もあるし、生活費を節約しないと貯金もできない気がするぞ。

Ⅲ　生活費のやりくり

初任給がようやく出ました。給与明細を見ると、だいたい予想しているとおりでした。今月はひもじかったけど、この日までの生活費は、親戚からいただいた就職祝いでなんとか乗り切れました。次の給料日は５月25日だから、４月の給料でほぼ５月分の生活費を考えなければならないな。

初任給で両親にプレゼントもしたいし、来月の家賃を支払う月末も近づいてきました。ネットで調べると、図表２—８のような理想的な生活費の目安もあります。生活費をやりくりするのに、収支の状況を把握して生活費の設計を判断できるいい方法は何かないだろうか。

49　第２章　社会人，初めての一人暮らし

そういえば、ゼミの先生に教えてもらった方法が3つあったっけ。たしか続けられることが大切と言っていたから、自分に合う適切な方法を探してみよう。

① どんぶり勘定でやる方法

どんぶり勘定は、毎月の収支について特に何も記録せずに勘でやる方法です。学生のときはこれだったから、バイト代の多寡によって毎月の生活が左右された記憶があり、ものぐさな自分には合っているが、これでは貧乏父さんになりそうだから、社会人で一人暮らしを始める私にはお勧めできないな。

② 家計簿をつける方法

大学のときに簿記も習って、帳簿をちゃんとつければ、家計の状況も把握できてとてもよいのはわかっているが、ものぐさな私には続けられる自信がありません。お小遣い帳も一度

図表2−8　生活費の目安

> ちなみに…
> ひとり暮らしの理想の家計簿
> 月収20万円とした場合の1カ月の家計簿の目安。家賃により貯金額が大きく変わる。自分に合った項目を作り，無理なく管理することが，家計簿を長続きさせるコツ。
>
> | | |
> |---|---|
> | 家　　賃 | 月収の1/3以内 |
> | 食　　費 | 外食含め3万円以内 |
> | 水道・光熱費 | 1万円以内 |
> | 通信費 | 1万円以内 |
> | 交際費 | 1万円以内 |
> | おしゃれ費 | 2万円以内 |
> | 日用品費 | 3,000円以内 |
> | 貯　　金 | 月収の2割以上 |

出所：新生活まるごと応援サイトLISCOM「一人暮らしのぶっちゃけお金事情」から抜粋（2013年8月11日検索）。

図表２−９　私の学生当時の生活費メモ

2013年4月　　　　　　　　　　お小遣い帳

支出項目	4月15日	4月16日	4月17日	4月18日	4月19日	4月20日	4月21日	計
衣料費					1,000			1,000
主食費（朝）								0
主食費（昼）	210	210	210	400	400	210	210	1,850
主食費（夜）	500	500	500	500	500	500	500	3,500
間　食	300		300		300		300	1,200
飲み代				3,000				3,000
住居関連費								0
文房具	100				100			200
本				300				300
交通費			1,000					1,000
通信費								0
遊興費				2,000				2,000
交際費					5,000			5,000
学習関係費						500		500
部活動費								0
計	1,110	710	2,010	6,200	7,300	710	1,510	19,550

はつけたことがあるけど三日坊主にさえならないくらい、続けなかった。①と②を合わせたような方法はないかな。

③　レシートを集めて使った分だけ集計する方法

これはゼミの先生の授業で宿題に出たもので、1週間だけでいいから使ったお金のレシートやメモを集めておいて、分類はおおざっぱでいいから集計して、何に気づくか見てごらんというものでした（図表２−９）。

あの時を思い出すと、家計簿と違って、現金や預金の残高と帳簿の残高を合わせなくていいし、使ったレシートやメモをとりあえず財布や手帳に放り込んでおいただけだったから、とりあえず1週間は続いたっけ。それに使ったお金を集計してみると、意外と間食が

多いとか無駄遣いしている自分に気づけたのを思い出しました。電子マネーやデビットカードで支払ったりすると、いつの間にか使いすぎていることにも気づけたっけ。

この宿題の狙いは、会計や簿記の本質的なところは「わかる」とか「説明する」ということに気づいてもらうためのものだと先生は言っていましたが、社会人の一人暮らしで生活費のやりくりをしたい私に合っているような気がします。しかも、ものぐさな私でもできそうです。ゼミの先生も泉正人さんの『お金が貯まる人の家計簿』という本を勧めてくれたので、それも参考にしてしばらく続けてみよう。

Ⅳ クレジットカード

6月になって早起きにも慣れ、仕事にも少しずつではあるが余裕が出てきました。家計のやりくりは難しいけど、③の方法がしっくりきていて、無駄遣いもだいぶ減ったように思います。クールビズの季節になって新しいスーツもほしいし、プライベートを楽しむためのスポーツ用品も買いたいところです。

とはいえ、家計にまだゆとりは少ない。そういえば、ゼミの先生がクレジットカードは上手に使えばとても便利だと話していました。学生時代にはあまり縁のなかったクレジットカード。気をつけた方がいいという話も聞きます。よくわからないと心配なので、近況報告もかねてゼミの先生を訪ねてみることにしました。

52

「先生、お久しぶりです。おかげさまで元気にやっています。」
「それはなによりだね。それで今日は何か聞きたいことがあるとか。」
「はい、社会人になってクレジットカードをつくろうかと思うんですが、以前、ゼミの時間にクレジットカードは上手に使えば便利だよと話していらしたことを思い出し、上手に使えばの意味と気をつけることを伺いたいと思いまして。」
「そうか。それって授業で説明しなかったっけ。」
「そのときは重要さがわからず、頭のなかを素通りしちゃいましたぁ。」
「仕方ないなぁ。じゃあ、特別にもう1回教えてあげよう。」

その後の先生とのやりとりでわかったことを要約するとこうです。

・商品やサービスを購入した時、クレジットカードで支払うと、現金をもち歩かなくても買い物ができます（デビットカードも同じですが、次の項目以降が異なります）。
・クレジットカードでの支払いには、一括払いと分割払いがあります。分割払いは支払回数を選ぶことができるけど、通常3回払いから分割払い手数料という名の金利がかかります。この金利は、分割払いの回数が多くなるほど高くなります。ジャパネットたかたはこの金利を負担してくれるから、家電などを分割購入するときは利用すると便利です。
・毎月の支払額を一定にできるという便利なリボ払いという支払い方法もあるが、金利の負

図表２−10　分割払いの返済イメージ（金利を無視）

20,000円購入 （4回払い）	5,000円	5,000円	5,000円	5,000円	−
−	30,000円購入 （3回払い）	10,000円	10,000円	10,000円	−
返済額合計	5,000円	15,000円	15,000円	15,000円	−
返済残高	45,000円	30,000円	15,000円	0円	−
返済する月	5月	6月	7月	8月	9月

担が大きいので要注意です。分割払いとの違いを示すと、以下のようになります（図表２−10、11）

・一括払いをうまく活用できるなら、高い付加率でポイントがつくクレジットカードが多いから、それを電子マネーにチャージできたり、次の買い物に使えるのでお得です。

分割払い

利用金額（商品・サービスの代金＋分割払いの利息＝返済金額）の総額を、返済回数を決めて分割して支払う方式。利息は利用金額（＝元本）に対して発生します。

リボ払い

利用金額に関係なく、返済回数を決めずに、毎月一定の金額を返済する方法。利息は返済残高に対して発生します。利用金額が増えると返済期間が長くなります。

図表２−10と図表２−11は違いをわかりやすくするために、

図表2-11　リボ払いの返済イメージ（定額 10,000 円，金利を無視）

20,000 円購入 （リボ払い）	30,000 円購入 （リボ払い）	10,000 円	10,000 円	10,000 円	－
返済額合計	10,000 円	10,000 円	10,000 円	10,000 円	10,000 円
返済残高	40,000 円	30,000 円	20,000 円	10,000 円	0 円
返済する月	5月	6月	7月	8月	9月

金利を無視して返済イメージを作成しています。では金利の違いはどうでしょうか。左の計算例では、違いをわかりやすくするために金利は同じで計算していますが、実際には金利の負担はかなり違ってきます。分割払いは支払回数が少なければ金利はあまり高くないですが、リボ払いは15％前後と高いことが多いようです。

☆利息の計算：年利12％（月利1％）と仮定します。複利賦金率を用いて計算します。

分割払い：利息合計 1,104 円

・20,000 円 × 0.25628109 = 5,125.6218 円 → 5,126 円

（円未満四捨五入）

4回払いで支払総額は 20,503 円 （端数は調整）

・30,000 円 × 0.34002211 = 10,200.6633 円 → 10,201 円

（円未満四捨五入）

3回払いで支払総額は 30,601 円 （端数は調整）

・支払総額の合計：51,104 円

リボ払い：利息合計 1,500 円

・5月：返済残高 50,000 円 × 1％ = 500 円

・6月：返済残高 40,000 円 × 1％ = 400 円

・7月：返済残高 30,000 円 × 1％ = 300 円

・8月：返済残高 20,000 円 × 1％ = 200 円

・9月：返済残高 10,000 円 × 1％ = 100 円

・支払総額の合計：51,500 円

クレジットカード1つをとってみても、知らないと損をすることがたくさんありますね。また、クレジットカードでの買い物はしっかり管理しないと、油断して買いすぎてしまったら自己破産なんてことになりかねないですね。気をつけたいと思います。

V 年末調整

入社して半年が経ち、無事に試用期間も終わって、正式に正社員になりました。気持ちも新たに年末に向けて仕事に励みたい。11月は、ゼミ恒例のOBOG会の季節です。わがゼミでは学園祭のときにOBOG会をやるのが習わしで、今年は卒業生として初めて参加することになります。同期に会うのも楽しみだし、先輩や後輩たちに会うのも楽しみです。もちろん先生にも。そういえば、会社の人事給与課から年末調整にあたって、扶養控除とか保険料控除とかなんという申告書を書いて出してくださいと言われる時期だ、って会社の先輩が言っていたなぁ。たしか最後のゼミの時間に先生が教えてくれていたっけ。今晩、早速電話してみよう。

「先生、こんばんは。以前はクレジットカードのこと、ありがとうございました。いまでは先生のおすすめのカードを使って、買い物上手になりました。さて、今年のOBOG会は

「それはよかったね。今年も学園祭中日の勤労感謝の日にやるよ。同期に声をかけて参加者募っといてね。」

「いつですか。」

「ところで先生、年末調整の書類のことで伺いたいことが…」

「なんだい、またかい。ゼミで教えたじゃないかぁ。」

「すみません（笑）、なんだか先生の声が聞きたくて、もう一度お伺いできたらと思いまして。」

「調子のいいやつだなぁ。にくめないお前にそう言われると、つい気を許してしまうよ。」

「いつもありがとうございます！」

その後の先生とのやりとりでわかったことを要約するとこうです。

・国税庁のホームページによれば、毎月の給与の支払いの際に所定の「源泉徴収税額表」によって所得税の源泉徴収をすることになっていますが、その源泉徴収をした税額の1年間の合計額は、給与の支払いを受ける人の年間の給与総額について納めなければならない税額（年税額）と一致しないのが通常です。この一致しない理由は、その人によって異なりますが、この不一致を精算するため、1年間の給与総額が確定する年末にその年に納めるべき税額を正しく計算し、それまでに徴収した税額との過不足額を求め、その差額を徴収

57　第2章　社会人，初めての一人暮らし

図表2−12 各種控除申告書

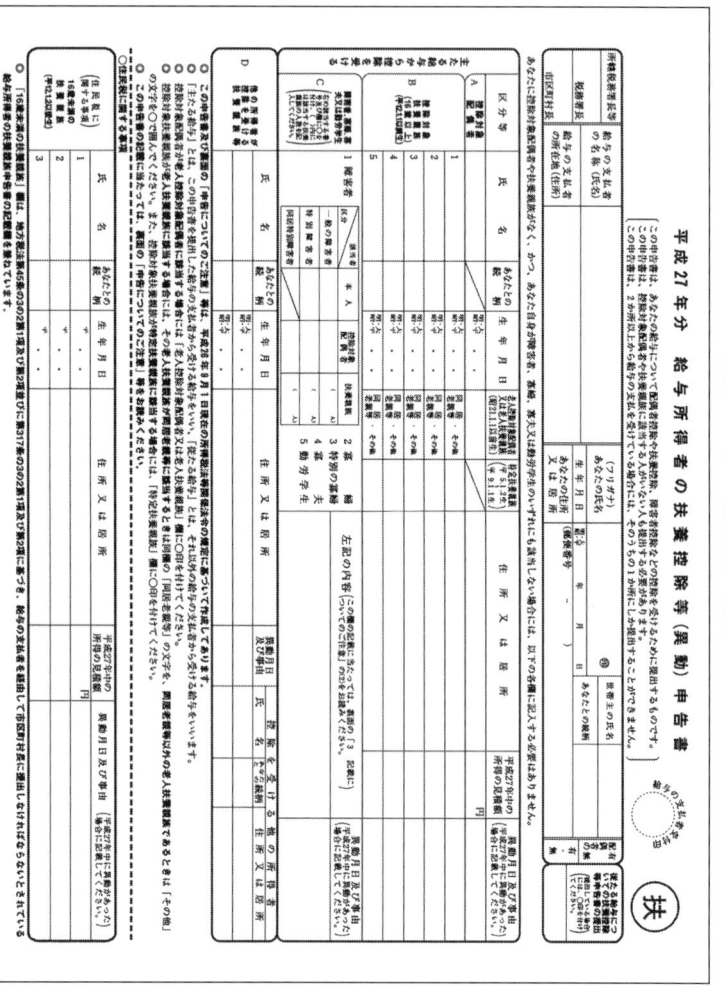

出所：国税庁ホームページより抜粋。

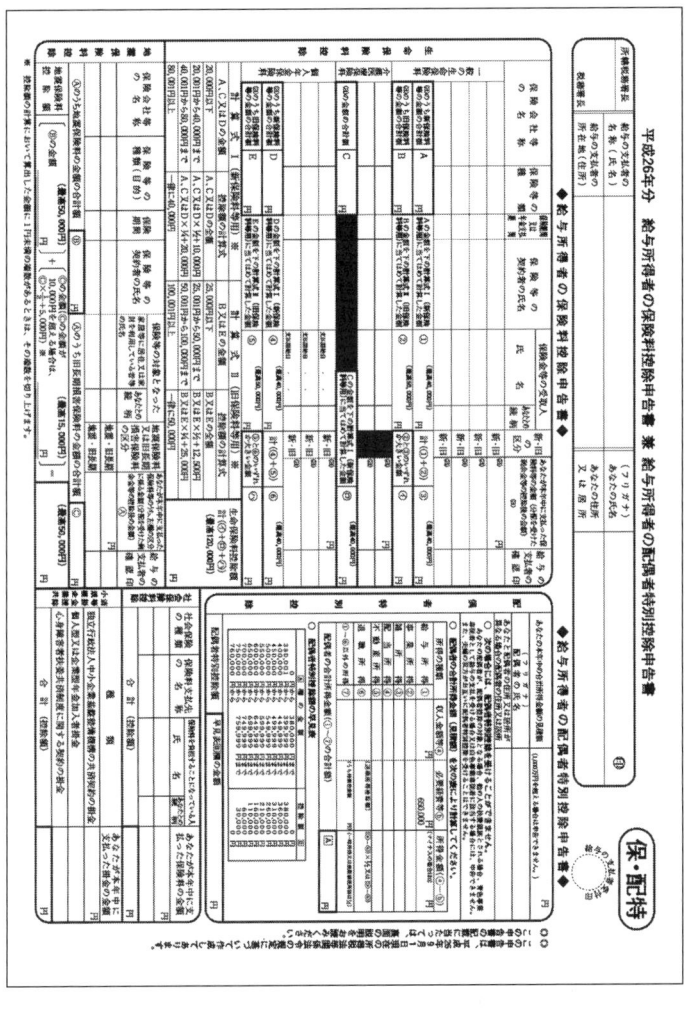

59　第2章　社会人，初めての一人暮らし

またば還付し精算することが必要で、この手続を「年末調整」とよび、給与支給者が行うものだそうです。

・年末調整にあたって、給与の支払いを受ける人の「各種控除額」を確認する必要があり、これが会社の先輩が話していたもので、「扶養控除等（移動）申告書」、「配偶者特別控除申告書」、「保険料控除申告書」、「住宅借入金等特別控除申告書」の4つがあるとのことです。

・「扶養控除等（移動）申告書」は全員が提出とのことですが、私の場合、扶養家族はまだいないし、独身のままだから変更なしで、図表2−12の書類を提出すればいいとのこと。来年度の分も「扶養控除等（移動）申告書」を提出するようです。

・「配偶者特別控除申告書」も私には関係ないようです。配偶者特別控除とは、所得者が生計を一にする配偶者（合計所得金額が76万円未満の人に限ります）で、控除対象配偶者に該当しない人を有する場合に、その所得者本人の所得金額の合計額から38万円を限度として控除するというものです。将来、私に妻ができて、妻がパートで収入があるとき（給与所得だけの場合）、年収103万円超〜141万円未満だとこの対象になるとのことでした。所得者本人が生命保険料や地震保険料を支払っている場合、加入している保険会社から、この申告書に添付するための証明書のはがきが届くので、その時はこの申告書を提出すると一定額の所得控除が受けられるそうです。私の場合、今年はまだ生命保険などに加入していないので、

この申告書を提出する必要はないようだけど、将来のことを考えて家計にゆとりができてきたら、生命保険も必要になるし、しっかり覚えておく必要があるようです。

・「住宅借入金等特別控除申告書」は、将来、住宅ローンを利用して住宅を購入した場合に必要になるとのこと。一人暮らしの家計にはまだ関係なさそうなので、必要になったらまた先生を訪ねておいでとのことです。

これで年末調整の対策は心配がなくなりました。1年目は1月から3月の所得がほとんどないこともあり、12月の給与支給の際に源泉徴収された所得税が少し戻ってくるとのことでした。12月はボーナスもあるし、懐が温かくなりそうです。クリスマスもあるし、愛しのあの人に告白してみようかな。

第3章 家族ができて家計を考える

I 結婚資金

私の社会人生活は、さまざまな困難に直面しながらも順調に過ぎています。そんな私も、今や26歳。できれば、学生時代からお付き合いをしている彼女と結婚したいと思っているし、それとなく「30歳までに結婚しようか」なんて話もしているところです。
しかし、世のなかは厳しいもので結婚するためにはお金が必要です。結婚式の費用や新居準備の費用など、多くのお金がかかりそうです。30歳までに結婚するために、いったいくら準備しておけばいいのだろうか？
職場の先輩には既婚者がたくさんいる。そのなかでも、入社時の新人研修の担当講師であり、今ではプライベートでもお世話になっているCさんに聞いてみよう。
「Cさん、結婚式とか結婚に関する総費用って、だいたいどのくらいかかるんですか?」
「結婚式をどのくらい凝ったものにするか、新婚旅行はどこに行くかなどによって変わるだろうけど、だいたい総費用は400万〜500万円くらいかかるんじゃないかな。でも両

図表3－1　首都圏における結婚にあたっての費用平均（単位：万円）

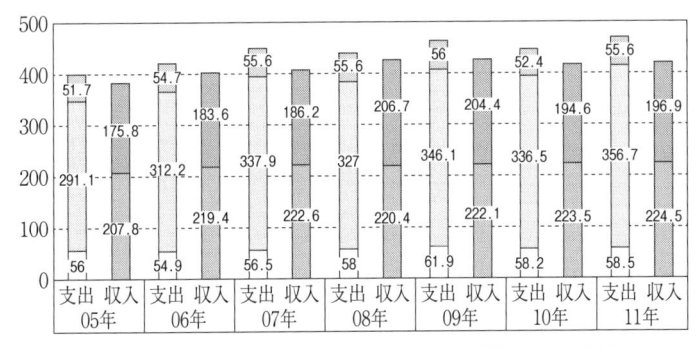

	05年		06年		07年		08年		09年		10年		11年	
	支出	収入	支出	収入	支出	収入	支出	収入	支出	収入	支出	収入	支出	収入
指輪等	51.7		54.7		55.6		55.6		56		52.4		55.6	
挙式・披露宴	291.1		312.2		337.9		327		346.1		336.5		356.7	
新婚旅行	56		54.9		56.5		58		61.9		58.2		58.5	
ご祝儀		207.8		219.4		222.6		220.4		222.1		223.5		224.5
両親からの援助		175.8		183.6		186.2		206.7		204.4		194.6		196.9

出所：リクルート『ゼクシィ 結婚トレンド調査2011』より筆者作成。

親から援助してもらう人も多いようだし、結婚式のご祝儀でかなりの部分はまかなえるので、実質的に必要な額はそんなにないんじゃないかな。」

正直いって、総費用がそんなに必要になるとは思わなかった。結婚式の費用のほとんどがご祝儀でまかなえて、残ったお金で新婚旅行に行けるくらいだと思っていたのです。私の場合、両親からの援助を期待することはできない。これでは資金的にちょっとまずいような気がする。もう少し丁寧に調べてみよう。

調べてみると、ご祝儀を除いて、２００万円くらい必要になりそうです（図表3－1）。30歳までの残りの4年間で２００万円の貯蓄を目指そう。毎年50万円の貯蓄が必要です。

でもちょっと待ってください！　銀行に預けておけば利息を付けてもらえるんですよね。毎年50万円ずつ貯蓄していってそれを4年間続けると、いった

63　第3章　家族ができて家計を考える

図表３－２　貯蓄残高

	貯蓄額	利息	残高
１年目	500,000 円	10,000 円	510,000 円
２年目	500,000 円	20,200 円	1,030,200 円
３年目	500,000 円	30,604 円	1,560,804 円
４年目	500,000 円	41,216 円	2,102,020 円

いくらの利息をもらえるのだろうか？　家の近くの銀行では金利２％キャンペーンをやっている。仮に金利が２％だと仮定して計算してみよう。２００万円の貯蓄に対して２％の利息が４年分だから、８万円の利息をもらえるんですよね。

そこにＣさんがやってきました。「その計算は間違っているぞ。利息は１年ごとにもらえるんだ。１年目の貯蓄に対して２％、２年目の貯蓄に対して２％…というように利息をもらえるんだよ。だから、次のように計算できるんだよ。」（図表３－２）。

１年目にもらえる利息は、１年目の貯蓄×２％だから１０,０００円です。その１０,０００円は預けっぱなしにするんだから、１年目末の残高は５１０,０００円になります。その後２年目に５００,０００円を預けるんだから、２年目に預けているお金は１,０１０,０００円なので、２年目にもらえる利息は１,０１０,０００円×２％で、２０,２００円です。その結果、２年目末の残高は１,０３０,２００円になります。これが繰り返されていって、４年間で総額１０２,０２０円以上の利息がもらえるのです。

「これを複利計算っていうんだ。１年目にもらった利息を預けたま

まにするから、2年目にはそれに対してさらに利息が加算される。利息が利息を生むってわけだ。」とCさんが説明してくれました。おお、これなら結婚資金も思ったよりはやく貯まりそうです。現実には、半年ごとに利息がもらえ、半年ごとにこの計算が行われる（半年複利）こともわかりました。また、受け取った利息の20％が税金として差し引かれることもわかりました。

「年金終価係数という数値を使うと、すぐに計算できる。」

「年金終価係数って何ですか？」

「一定の利率のもとで、一定期間後に、毎年の貯蓄がいくらになっているかを一発で求めることができる係数だよ。たとえば、利率2％、期間4年の年金終価係数は4・2040だ。毎年の貯蓄額500,000円に4・2040をかけると2,102,000円だ。さっきの計算とほぼ一致しているだろ？」

「本当だ。便利な数値ですね。」これは今後いろいろと使えそうです。まぁ、いいや。とりあえず、がんばって結婚資金を貯めよう。

II　教育資金

私は無事、結婚資金を貯めることができ、彼女と結婚することができました。結婚式も満足できる出来でした。仕事もプライベートも順風満帆です。そんななか、奥さんから驚きの

報告がありました。とても想像がつかないけど、「男の子かな、女の子かな」、「名前は何とつけようか」、「男の子だったらキャッチボールをして遊ばないとな」などなど、夢は膨らむばかりです。

でもちょっと待ってください！　子どもを育てる過程では、十分な教育を受けさせる必要もあります。これまでは自分（と奥さん）のことだけを考えてくればよかった。2人とも働いているので、そこそこの収入があります。だから、支出のことはそれほど気にせず楽しい旅行にも行けたし、おいしいものも食べることができました。でもこれからは、そうはいかないだろう。しばらくは奥さんも働けなくなるし、なにしろ子どもに経済的な心配をかけることなく、子どもが望むことをできるだけかなえてやりたいと思います。私だって、両親からしっかり教育を受けさせてもらったから、今があるんです。

そういえば教育費について、子ども1人あたり1,000万円かかるとニュースで報道されていた。本当にそんなにかかるのか？　そういえばCさんが、「うちの息子は中学から私立に通っているので、お小遣いが削られて困っちゃうよ。」としょっちゅう言っていた。少し詳しく調べてみよう（図表3−3）。

すべて国公立に行かせたとすると、いくらかかるのだろう？

図表３－３　教育費（年額）

	国公立		私立	
	自　宅	下　宿	自　宅	下　宿
幼稚園	231,920 円		537,518	
小学校	304,093 円		1,465,323	
中学校	459,511 円		1,278,690	
高　校	393,464 円		922,716	
大　学	1,045,100 円	1,769,000 円	1,717,900 円	2,467,200 円

出所：文部科学省『子どもの学習費調査 2010』，日本政策金融公庫総合研究所『平成 18 年度　家計における教育費負担の実態調査』より筆者作成。

231,920 × 3 年 + 304,093 × 6 年 + 459,511 × 3 年 + 393,464 × 3 年 + 1,045,100 × 4 年

約 9,260,000 円も必要なのか。あのニュースキャスターが言っていたとおり、教育にお金がかかるのは本当らしい。少しずつ貯蓄をしていかないといけないと思います。

ただ、教育費は一度に全額が必要になるわけではなく、幼稚園入園時、小学校入学時など、段階的に少しずつ準備すればいいんですよね。とりあえず幼稚園に行かせるために必要な費用を計算して、毎年必要な貯蓄額を計算してみよう。

うちの近くにあるのは市立の幼稚園です。その市立幼稚園に 3 年間行かせるために必要な費用は 231,920 円 × 3 年 = 695,760 円です。つまり、今、奥さんのおなかのなかにいる子どもが幼稚園に入るのは今日から約 4 年後で、そのときに約 700,000 円の貯蓄が

67　第 3 章　家族ができて家計を考える

あれば十分です。

では、4年後に貯蓄が700,000円になるためには、毎年いくらずつ貯蓄していけばいいのだろう？　もちろん、正確には4年後に231,920円、5年後に231,920円、6年後に231,920円必要だけど、余裕をもって準備できるように入園時に3年分の費用が準備できているようにがんばろう。

近所の銀行では、まだ2%のキャンペーン金利で預金を集めているときに使った年金終価係数が使えそうです。利率2%、期間4年の年金終価係数は4.2040だったから、毎年の貯蓄額を計算すると、

毎年の貯蓄額×4.2040＝4年後の貯蓄額
毎年の貯蓄額×4.2040＝700,000円

毎年の貯蓄額＝約166,500円

となります。毎年約166,500円の貯蓄をするようにしよう。

私は大学へ進学させてもらったし、もし、私の子どもが大学に進学したいと言ったら進学させないわけにはいかないでしょう。では、大学に進学させるためにはどれだけの費用がかかり、毎年どれだけ貯蓄していけばいいのだろう？

今、奥さんのおなかのなかにいる子どもが大学に入学するのは19年後です。そのときに大

68

学4年分の学費が準備できているように しよう。選択肢を狭めてしまうけれども、私はできるだけ長い間、子どもと一緒に生活したいから自宅から通ってもらうことにして、私も妻も国立大学に通っていたからというよくわからない理由で、子どもにも国立大学に通ってもらうことにしよう。

残念ながら、近所の銀行では2％の金利キャンペーンは終わっていて、通常の1％に戻っていました。利率1％、期間19年の年金終価係数は21・0190です。国立大学に自宅から通った場合の費用は1,045,100円×4年間＝4,180,400円です。きりがいいところで4,000,000円として計算しよう。

　　毎年の貯蓄額×21・0190＝4,000,000円
　　毎年の貯蓄額＝約190,300円

「いやぁ、Ｃさん。子どもを大学まで通わせるのは大変ですよね。しかもＣさんは、中学から私立に通わせてらっしゃるんですよね？　本当に大変でしょう？」

「本当に大変だよ。ところで、学費を準備するためには、自分で貯蓄する以外にも方法があるぞ。学資保険がその代表例だ。私の時は条件がよかったので、子どもの大学資金は学資保険で準備しているよ。君はどうするの？」

学資保険？　そういえば、この前、郵便局に行ったときに、のぼりが立っていたようななかったような。ちょっと調べてみよう。学資保険について調べてみたところ、次のような基本的な仕組みと保険料がわかりました。

① 子どもが15、18、22歳のいずれかの時点で満期保険金を受け取ることができます。
② 満期前に私が死亡した場合、保険料の払い込みが免除され、予定どおりの満期保険金を受け取ることができます。
③ 満期になる前に子どもが亡くなった場合には保険金を受け取ることができます。
④ ①〜③を保障したうえでの、満期保険金4,000,000円の場合の保険料は、220,200円（年額）です（かんぽ生命、平成24年7月20日現在）。

うわっ、銀行に預金するよりも毎年30,000円も多く払う必要がある。そんなにたくさん払う意味はあるのだろうか？

そういえばＣさんは言っていた。「学資保険は、複数の保障の組み合わせだよ。1つ1つの保障を単品でそろえることもできるから、最も安くつくように考えるといいよ。」

単なる貯蓄と学資保険はどこが違うんだろう？　単なる貯蓄は学資保険の①に対応するだろう。今回は、子どもが18歳になる時点に4,000,000円が貯まるようにしたい（＝満期保険金を受け取りたい）わけです。

70

②や③はいったい何なのだろう？　②や③では、子どもや私が死亡した場合にお金をくれるんですね。そうか！　②や③は、死亡したときに4,000,000円を払ってくれる生命保険なんですね。②の生命保険は必要です。私が死亡したら、子どもの学費が確保できないので、奥さんが困っちゃうから。私が死亡したら奥さんに遺族年金が支給されるけど、それは生活費に回るだろうから、学費は別途確保できるようにしておく必要がある。

じゃ、私が死亡したときに4,000,000円払ってくれる生命保険の保険料はいくらだろう？　流行のネット生命保険会社で保険料をシミュレーションしてみよう。え～と、保険金額4,000,000円の場合の保険料は、…年間13,000円です。ということは、私が死亡せずに4,000,000円確保するために年間約190,300円、私が死亡しても4,000,000円確保できるようにするために年間13,000円、合計203,300円で19年後の4,000,000円を確保できるわけです。

「Cさん、私の場合は、学資保険に入るよりも、単なる貯蓄と生命保険を組み合わせた方が安くつくことがわかりました。アドバイスありがとうございました。」

Ⅲ　医療保障

先日、Cさんが急に倒れて入院してしまいました。Cさんが責任者を務めていたプロジェ

クトが終盤を迎え、連日残業続きだったから疲れがたまってたんでしょう。お見舞いに行っ たところもう元気そうで、もうすぐ職場復帰できそうとのことで安心しました。Cさんが言 うには、「健康保険があるので治療費は3割負担で済むし、高額になったとしても高額医療 費制度があるので、100,000円を超える医療費を支払うことはないだろう。民間の医 療保険には入っていないけど、大丈夫そうだな。君も自分なりの価値観で自分に対する経済 的リスクのことを考えておいた方がいいぞ」とのことでした。

Cさんが言う「経済的リスク」って何だろう？「私だったら入院費用を払えるかどうか」 ということだろうか？ちょっと心配になってきました。そもそも私が入院することになっ たら、家計は大丈夫なんだろうか。民間の医療保険に入らなくても大丈夫だろうか。子ども のことを第一に考えてきたけど、そもそも私や奥さんが入院でもしてしまうよ うなことがあったら、子どものためにがんばることすらできなくなってしまいそうです。せ めて、私や奥さんが病気・けがをして入院することになったとしても、経済的な面で困らな いようにしたいものです。Cさんがいう「経済的リスク」についてまじめに考えてみよう。

入院したときの保障については、いろいろなCMが流れています。それぞれいろいろ特徴 はあるのだろうけど、細かいところはよくわからないから、シンプルな入院保障だけの医療 保険を検討してみよう。

入院した場合の基本的な保障額は、日額10,000円のようです。1入院の支払限度日

72

図表3-4　入院日数

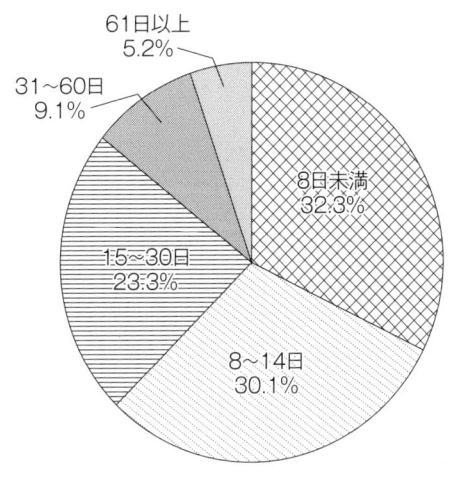

- 61日以上 5.2%
- 31～60日 9.1%
- 15～30日 23.3%
- 8日未満 32.3%
- 8～14日 30.1%

出所：生命保険文化センター『平成22年度 生活保障に関する調査』。

数を60日と180日から選べるけど、図表3-4を見ると60日以上の入院はほぼなさそうです。また、この調査では平均入院日数が21・7日だったことがわかっています。円グラフを見れば明らかだけど、平均入院日数が21・7日といっても62・4%の人が14日以内で退院しているし、61日以上入院した人が平均日数を引き上げているのだろう。

　私が検討した医療保険では、入院給付金日額10,000円、一入院当たり支払限度日数60日、手術給付金なしという条件ならば、今31歳の私の保険料は月額3,165円だそうです。

　この保険料は、私にとって意味のある金額なのだろうか？　この医療保険に入っていようがいまいが、治療費（入院

費）は必ず支払わなければならない。だから、この医療保険に入る（保険料を払う）意味があるかどうかは、支払う保険料以上の保険金を受け取れるかどうかだろう。

仮に平均日数分の入院をするとすれば、217,000円の保険金を受け取ることができます。支払う保険料は年額37,980円です。217,000円÷37,980円＝5・71…年です。ということは、5年9カ月くらいに1回、平均的な入院をすれば、支払う保険料と受け取る保険金が一致するということです。つまり、5年9カ月に1回以上入院するならばこの医療保険に入るべきだし、それ以下の入院しかしないならばこの医療保険に入るべきではない。

私の父親はすでに70歳だけど、これまで2回しか入院したことはありません。つまり35年に1回の入院です。62歳の母親はこれまで一度も入院したことがありません。親戚や周りの友人・先輩をみていても、5〜6年に一度ずつ入院する人はまったくいなさそう。ということは、私の場合も5年9カ月に1回入院する可能性はかなり低いということです。

もちろん可能性が低いというだけで、まったくないとはいいきれません。しかも、場合によっては標準病室に入院することができず、差額ベッド代が必要な病室にしか入院できない場合もあります。差額ベッド代は健康保険の給付対象ではないため、すべて自己負担となります。そう考えると、医療保険をその費用を賄うための保険と位置づけることもでき、そのような考え方を取る場合には、医療保険に入る価値があります。

74

とはいえ、医療費については子供の学費とは異なり、医療費が発生するかどうかは確率の問題です。どんな手段を用いても、5～6年に一度、医療費が発生するというリスクをヘッジすることはできないと思うし、そのリスクをヘッジすることにより無駄も多くなります。私の場合、そんなに給料も多くないので、そのリスクをヘッジすることは効率的ではない。5年9カ月以内に入院を繰り返すリスクは自分で負い、この医療保険には入らないことにしよう。

Ⅳ 住宅資金—まとめ

子どもも大きくなってきて、今住んでいるアパートも狭くなってきました。2人目の子どもも生まれて、4人家族になったところです。まだ上の子が幼稚園に行きだしたばかりで、自分の部屋を要求することはないけれども、そのうち子どもたちの荷物も多くなってくるし、自分の部屋も必要となることだろう。でも今の2DKのアパートではどうしようもない。周りの友人たちも住宅購入を始めたようだし、私もついに住宅を購入してしまいました。Cさんも、36歳で住宅を購入したと言っていました。

なんせ住宅は、人生の買い物のなかで最も高価なものです。どんなに安くても新築ならば2,000万円～3,000万円くらいするだろう。私が購入した物件は3,000万円だったけど、貯蓄の500万円を頭金に、2,500万円のローンを組んで購入しました。

図表３−５　子どもたちの教育費総額

	上の子	下の子	必要額
現　在	幼稚園		695,760 円
3 年後	小学校	幼稚園	2,520,318 円
6 年後		小学校	1,824,558 円
9 年後	中学校		1,378,533 円
12 年後	高　校	中学校	2,558,925 円
15 年後	大　学	高　校	5,360,792 円
18 年後		大　学	4,180,400 円
合　計			18,519,286 円

さて、私も人生を進めてきてさまざまな責任を負うことになってしまったようです。仕事上の責任の話ではなく、自分の家族を守るという責任です。今私は、家族に対する責任に限定しても、子どもに教育を受けさせる責任と住宅を守る（ローンを返済し続ける）責任という2つの大きな責任を負っています。では、この責任を果たすために何をどれだけしなければならないのだろう。

もちろん、まじめに働き続ければ継続的に収入を得ることができるであろうから、この2つの責任を果たせる可能性は非常に高い。だから、働き続けることができる場合のことは考える必要はないだろう。でも、不幸にも交通事故にあって死亡してしまったり、病気で寝たきりになってしまう可能性もあります。しかし、私が死亡しても病気で働けなくなっても、この2つの責任が免除されることはありません。私が死亡しても2人の子どもを大学まで行かせなければならないし、ローンを返済しなければならないのです。

そう考えると、私が責任を果たすためには、私の死亡・病気というリスクを回避する仕掛けを用意しておかなければなりません。そもそも、現在私がさらされているリスクはどれくらいだろうか？

子どもたちに対する責任の面から見ていこう（図表3－5）。

たとえば、3年後には上の子が小学校に入学し、下の子が幼稚園に入園する。その時点で小学校6年分の教育費と幼稚園3年分の教育費が確保できるようにしておきたいと思っています。小学校6年分の教育費は304,093円×6年＝1,824,558円、幼稚園3年分の教育費は231,920円×3年＝695,760円で、3年後にはその合計額を準備しておきたい。

ただし、現時点でこれだけの金額が必要なわけではありません。銀行に預けておけば利息をもらうことができるからです。そこで、将来一定額を用意するために、現時点でいくらもっていればよいか計算してみよう。現在の金利は1％だから、3年後に2,520,318円を用意するためには、今いくらもっていればいいのだろう？ この、今もっておく必要がある金額を現在価値というそうで、これを簡単に計算するために現価係数という数字があるらしい。現価係数は次のように使うそうです。

将来の必要額×現価係数＝現在の必要額（現在価値）

図表３－６　現在価値の計算

	上の子	下の子	必要額	現価係数	現在価値
現　在	幼稚園		695,760 円	1.0000	695,760 円
3 年後	小学校	幼稚園	2,520,318 円	0.9706	2,446,220 円
6 年後		小学校	1,824,558 円	0.9420	1,718,733 円
9 年後	中学校		1,378,533 円	0.9143	1,260,392 円
12 年後	高校	中学校	2,558,925 円	0.8874	2,270,790 円
15 年後	大学	高校	5,360,792 円	0.8613	4,617,250 円
18 年後		大学	4,180,400 円	0.8360	3,494,814 円
合　計					16,503,959 円

こうやって計算（図表３－６）すると、私が死亡したとしても、子どもの教育のために現時点で約１、６５０万円もっていればいいわけです。

次に住宅を守る責任とは２，５００万円の借金を返済する責任であり、今私が死亡したとしても奥さんと子どもたちが住宅に住み続けるためには、その借金を返済する必要があります。つまり、２，５００万円が必要なわけです。

ということは、この２つの責任を果たすためには、４，１５０万円が必要であるということです。それに対して、私の今の蓄えは１５０万円ちょっとです。とてもじゃないけど、今私が死亡したら大変なことになる。どうしようか？　こんな時に生命保険を使えばいいのです。

今の蓄えを差し引くと４，０００万円の保障が必要になるけど、Ⅱで検討したネット生命保険会社では月額４，８１８円の保険料で４，０００万円の保障をしてくれる。このことを表にまとめてみよう。住宅ローンと必要

財産一覧表

現　金　預　金	1,500,000	住宅ローン	25,000,000
生　命　保　険	40,000,000	必要教育費	16,503,959
住　　　　　宅	25,000,000		

　な教育費は、将来支払わなければならないものなので、私にとってみれば負の財産です。一方、今もっている貯蓄、保険金の受取権、住宅は私にとって正の財産です。だから、それらが対照になるように並べてみよう。なお、住宅は3,000万円で購入したけど、500万円くらいは税金や諸費用なので、実質的な価値は2,500万円くらいとしておこう。

　こうやってみると、私が死亡したとしても正の財産のほうが多いじゃないか！

　正の財産：現金＋生命保険金＋住宅＝66,500,000円
　負の財産：住宅ローン＋必要教育費＝41,503,959円

　必要な責任を果たしたうえで、奥さんと子どもたちに住宅を残してあげることができます。また、遺族年金が支給されるので、当座の生活費に困ることもないだろう。これで奥さんと子どもたちは安心して暮らせるね。

　でも、これは私が死亡した場合のシミュレーションです。働き続けて責任を果たし、みんなで仲良く暮らしていけるのが一番いいに決まっている。さぁ、安心して仲良く暮らせるよう、これからも自分を磨いて、もっと仕事をがんばろう。

79　第3章　家族ができて家計を考える

第2部 簿記と私たち

第1章 会社で簿記を使う

I 支店営業1課への配属

私立総合大学の文学部英文学科を卒業した私は、大手の住宅メーカーに就職し、間もなく5年が過ぎようとしています。学生時代から英語が得意だったため、当初は商社など英語を直接活かせそうな業種を中心に就職活動を行ったのですが、なかなか希望の会社から内定を得られませんでした。それでもなんとか、希望とは異なる業種ながら安定性のありそうな現在の会社に就職できました。この就職難のおり、新卒できちんとした会社に正社員として入社できたことは、それなりによかったと思っています。

就職が決まった会社は、東京都心に立地する本店のほか、ほぼ全国の都道府県に支店を有

81

しており、私の勤務地はさいたま市の支店でした。この支店では営業が1課から3課までに分かれており、1課は戸建住宅、2課は集合住宅、3課は法人向け建造物という組織でした。私が配属されたのは営業1課でした。

営業1課に所属するのは、男性が8人、女性が私を含めて4人でした。総合職として採用されたので、最初から営業の外回りをする覚悟でいたのですが、思いもよらず命じられたのは事務でした。その主な業務といえば、外回りをしている営業部隊から連絡を受けて行う資料作成、営業記録簿の作成、さらに本店とのさまざまな連絡であり、いわば営業の後方支援的な業務です。営業ウーマンとしてバリバリ働くつもりでいたので、配属が決まった際はちょっと肩すかしを食らったような気分でした。どんな仕事でも日々精進すれば、必ず結果はついてくる」という言葉を思い出し、まずは事務で頑張ってみようと思いました。

日々のルーティン・ワークはおおよそこんな感じです。8時30分に出社し、8時45分から朝礼、その後デスクで前日の営業記録簿を作成します。むろん、内勤ですから顧客や仕入先からの問い合わせの電話などにも応対します。また、頻繁に営業部隊から電話や電子メールが入り、必要な資料を用意したり作成したりします。新人ですから当たり前なのでしょうが、慣れるまではとにかくてんてこ舞いの毎日でした。

82

Ⅱ コンピュータ入力作業

 日々の業務では、何をおいてもコンピュータ作業が避けられません。正規の勤務時間7時間半のうち、ざっくり見積もって6時間ほどはコンピュータ画面と睨めっこの毎日でした。学生時代、もっぱら語学試験の勉強やシェークスピアの研究をしてきた私にとって、コンピュータといえばウェブサイトを見たり、レポート作成をする際の道具といった程度のものであり、インターネット以外に使えるソフトといえば文書作成やプレゼンテーションのソフトが少々、あとはメールソフトくらいでした。まさか仕事で1日中、コンピュータと付き合うことになろうとは思いもしませんでした。入社試験の面接において、「あなたはパソコンを使えますか?」と質問された際、採用されたい一心から、その場しのぎに「人並みには使えます。」と答えてしまったことを後悔したものです。

 当社の業務処理は、売上については即日集計のうえ本店と情報を共有する一方、経費に関しては旬間集計、すなわち10日ごとに月3回、各支店から本店にデータ送信により連絡する方式になっていました。このような作業を先輩の女性社員と2人で分担し、私は経費の支払いとその入力を任されました。コンピュータが苦手な私は、入社当初は先輩にいちいちやり方を尋ねていました。最初は丁寧に教えてくれた先輩でしたが、数カ月後も経つと、突き放すような態度になってくるのを感じました。確かに立場を置き換えてみれば、こんなに

しょっちゅう質問攻めにあったのでは、自分の仕事がはかどらないことでしょう。

それでもコンピュータで処理しなければならない仕事は、次から次へと容赦なく襲ってきます。「よし、こうなったらコンピュータを徹底的に使いこなしてみよう。」と決心し、さしあたり仕事で最も多くの時間を要する表計算ソフトと文書作成ソフトの分厚いハウツー本を買い込み、先輩に聞くのは最小限に留めようと決心しました。

それにつけても、就職が決まった際に父からかけられた言葉、「会社のデスクワークでは、表計算ソフトが使いこなせないと苦労するぞ。」が、身に染みました。その父は、会社勤めのかたわら税理士試験の受験勉強を続け、40代半ばにして試験に合格後、会社を退職し、現在は税理士事務所を構えています。

III 経費明細帳

私が支店で任された経費のコンピュータ入力は、次のようなものでした。これらはすべて表計算のソフトを使って入力することになっており、入力するセルは、日付、摘要、支払い、内訳です。残高や合計などのセルは、ソフトが自動計算してくれるのですから、一通り慣れてしまえば単純なものなのですが、当初は苦労したものです。そこで、この入力作業において、コンピュータ操作とは別に苦労した点についてお話します。

営業1課の社員は、日々外回りをしてくるのですが、帰社後、私のもとにその日に支払っ

84

6月　第3旬間　　　　　　　　経費明細帳　　　　さいたま支店　営業1課

受　入	平成x年		摘　要	支　払	内　訳					残　高
					通信費	交通費	車両費	消耗品費	雑　費	
8,200	6	21	前旬繰越							8,200
41,800		〃	本日補給							50,000
		〃	JR東日本	1,900		1,900				48,100
		23	ボールペン	840				840		47,260
		24	タクシー	4,850		4,850				42,410
		〃	お茶・お菓子	1,470					1,470	40,940
		27	郵便切手	6,000	6,000					34,940
		〃	新　聞	5,040					5,040	29,900
		28	ガソリン	6,720			6,720			23,180
		29	はがき	8,000	8,000					15,180
		30	トナー	3,360				3,360		11,820
			合　計	38,180	14,000	6,750	6,720	4,200	6,510	
		〃	次旬繰越	11,820						
50,000				50,000						
11,820	7	1	前旬繰越							11,820

た経費の請求に来ます。その際、領収証の提出がなされるのですが、電車賃のように領収証がない支払いについては、業務日誌の記録と照合して精算します。そこで記入すべき経費明細帳は経費の内訳別に記入する形式になっているのですが、その内訳の分別をしばしば間違えてしまうのです。

電車賃やタクシー代は「交通費」で問題ないのですが、営業車で外回りをした際の高速道路料金もうっかり「交通費」としてしまったり、郵便切手代が「通信費」なので、似たようなものに思えた収入印紙も「通信費」としてしまったりといった失敗です。ちなみに、高速道路料金は「車両費」であり、収入印紙は「雑費」が正しい処理でした。

85　第1章　会社で簿記を使う

ほかにも失敗例を挙げればキリがないのですが、これら失敗の原因を考えてみれば、社会常識の欠如があったことは否定できない気がします。郵便切手と収入印紙は見かけこそよく似ています。また、これらはともに郵便局やコンビニエンスストアで購入できます。しかし、一方は郵便物の配送料金であり、他方は契約書や手形の作成において発生する税金の支払いです。両者の性格はまったく違うのですから、同じ区分に入れることができないのは当然といえば当然です。

この点のほかにもう1つ苦労した点は、金額の帳尻合わせです。営業の社員から一度にたくさんの経費精算を要求されると、どうしてもお金の支払いに手一杯になり、しばしば金庫の現金実際有高が帳簿の残高より少なくなってしまいました。そのときには預かった領収証と業務日誌を照合しながら、コツコツと原因を探し当てることになるのですが、それが見つからない場合もあり、その際には支店長の承認を受けた上で雑損を計上しなければなりません。正直なところ、その報告をするのがとても苦痛でした。あとで知ったことですが、「帳尻合わせ」という言葉は、「帳簿」の「尻」つまり、帳簿の最終行を合わせるということだそうです。まさしく、帳簿の尻が合っていない状態だったのです。

家に帰り、そのことを父に話すと「まあ、最初のうちはそういうこともあるだろう。銀行などはあれだけ多くのお金を扱いながら、日々1円まできっちり合わせないと退社できないんだからな。」といって笑われたものです。

86

Ⅳ 経理部への異動

それは入社後3年を迎えようとする年度末でした。営業1課の事務作業もすっかり慣れ、ミスもほとんどなくなり、課員の信頼も高まってきた頃のことです。いつものように出社後朝一番にコンピュータを立ち上げ、社内掲示板を確認しようとして思わず息をのみました。人事異動が発令されており、私の名前が本店経理部に異動命令として明示されていたのです。ほどなく人事部から電話が入り、新年度より経理部に移るようにと言われました。

発令を見た際には、「なぜ私が経理に。」と不思議に思うと同時に、慣れ親しんだ営業1課の面々と別れることが、少し寂しく思えました。その夜、異動のことを父に話すと、「そうか、経理部か。カエルの子はカエルだな。」と笑っていました。そのうえで、「知っていると思うが、経理部というのは会社のお金の動きをすべて把握する管理部門の中枢だ。父さんも会社勤め時代は経理部で働いていたけど、組織にとってとても重要な部署なんだぞ。そこに抜擢されたということは、会社のなかで信用をおかれている証じゃないか。」と言われました。少しうれしい気持ちになったものの、入社当時苦労した経費明細帳の記憶が頭をよぎり、一抹の不安を抱えての新年度となりました。

4月を迎え、さいたま支店から東京の千代田区にある本店に勤務地が変わりました。支店勤務のときは月末が忙しく、とりわけ年度末となる3月の後半は残業の連続でした。その感

87　第1章　会社で簿記を使う

覚で異動先の経理部に来て、いきなり驚くことがありました。経理部は営業と違い、月末より月初の方が忙しいのです。さらに、年度末の3月よりも年度初めの4月の方が忙しいのです。しかし、その事実こそが経理部という部署の業務内容を如実に表していることがわかりました。

V 経理部の日常業務

　支店勤務時代には、本店の経理部とのやりとりがあったので、おぼろげには理解しているつもりでした。つまり、支店からは売上や経費のデータを送っていたので、経理部はそれを受けてコンピュータ入力していたのだろうと想像していました。たしかにその想像は間違ってはいなかったのですが、その業務量は私の想像をはるかに上回るものでした。

　まず、支店の数が全国で50以上に及ぶため、そのすべてから一斉にデータが送られてくることに圧倒されました。さいたま支店勤務時代は、それこそ会社全体の支店網など頭に入っていなくても業務に影響はなかったのですが、経理部だとそうはいきません。また、売上データはサーバにおかれるデータを支店と共有しているため、支店の入力とともに即時に確認ができ、経理部ではそれに加えて売掛金や受取手形などの債権管理を行います。一方、経費は10日おきに全支店の全従業員の明細が送られてくるため、これを素早くコンピュータ上

88

の帳簿に入力せねばなりません。また、経営管理上、月次決算を実施しているため、毎月初5営業日までに前月のすべての取引を入力し、役員会に資料を上げなければなりません。これが、経理部が忙しい時期が月末ではなく月初となる理由です。

このときに役立ったのが、学生時代に所属したサークル「会計研究会」で習った簿記でした。当時は検定試験合格を目指して勉強していたのですが、「こんなふうに紙の帳簿にペンと電卓を使うような原始的な簿記は、昭和の時代ならいざ知らず、現代の実務では通用しないでしょう。」という気持ちが正直どこかにありました。そうはいっても検定試験は紙の帳簿なので、これはこれで合格のためにはやるしかなかったのです。

ところが実際に経理の現場に来てわかりました。実務も基本的に検定の簿記と同じだということが。むろん現代の上場企業ですから、さすがに紙の帳簿ではありません。しかし検定試験で習得した紙の帳簿とほぼ同様の書式が、そのままコンピュータのモニターに映し出されているのです。罫線の色まで習ったとおりの赤でした。つまり、紙がモニターに、ペンがキーボードに、電卓がテンキーに変わっただけで、原理は大学で学んだそれとまったく同じだったのです。

あとは売上や経費といったさまざまな取引を仕訳に起こし、ペンではなくキーボードで入力していくのです。しいて違いを挙げれば、モニター上の帳簿が受験勉強のそれよりカラフルになっており、勘定科目は文字ではなくコード番号を入力すること、仕訳の貸借金額をミ

89 第1章 会社で簿記を使う

仕 訳 帳

	部門	勘定補助	借方 科目名	金額	部門	勘定補助	貸方 科目名	金額	摘要
	25 年 3 月 20 日								No. 274
1	18 さいたま	763	通信費	8,400 (400)	18 さいたま	110 181	当座預金	8,400	回線使用料
2	18 さいたま	766	交通費	24,260 (1,155)	18 さいたま	100	現　　金	24,260	JR東日本
3	18 さいたま	773	消耗品費	6,825 (325)	18 さいたま	110 181	当座預金	6,825	トナー
4	18 さいたま	747	交際費	37,800 (1,800)	18 さいたま	425	未払金	37,800	ウエノ産業接待
5	18 さいたま	799	雑　費	5,040 (240)	18 さいたま	100	現　　金	5,040	新聞代
			借方合計	82,325			貸方合計	82,325	賃貸差額 0

　ス入力すると警告画面が出てくるくらいでした。私が経理部で入力していたコンピュータの仕訳帳は、このようなものでした。

　いずれにせよ、仕訳に次ぐ仕訳が、毎日の業務でした。そういえば、学生時代に教えてもらったサークルの先輩が、「簿記は仕訳に始まり仕訳に終わる」と口癖のように言っていたことが思い出されました。

　なお、後日わかったことなのですが、私が経理部異動を命ぜられた理由は、入社時に提出した履歴書の資格欄に簿記検定合格があったことが1つ。もう1つは、支店勤務時代に各種データや書類を経理部に提出する際、ただの一度も期限に遅れたことがなかったことが高く評価されていたとのことでした。

　父が私の大学入学の日にかけてくれた言葉、「大学の4年間は、将来の自分に対する投資の

期間だ。将来、自分のために役立つと思うことは、何でもチャレンジしてみなさい。」が、本当であったことを実感するとともに、社会人になりたての頃、口酸っぱく言われた「物事の期限は絶対に守りなさい。時間にルーズな社会人は信用されないものだ。」という言葉も、今になればありがたい助言だったことがよくわかりました。

Ⅵ 経理部の決算業務

経理部の仕事は大きく分けて、月単位のもの、四半期単位のもの、年次単位のものがあります。月単位のものは、毎月5日までに行う帳簿の締め切りと試算表の作成（月次決算）、毎月10日までに行う源泉所得税の納付、毎月20日までに行う給与計算などがそれです。これら月単位のルーティンワークに加え、債権・債務の管理、経費の入力などを日々行うのです。これらはいわば対内部の業務といえます。

これに対し、対外部の業務はいわゆる法定決算です。四半期単位や年次単位の業務がこれに当たります。すなわち決算書の作成であり、貸借対照表や損益計算書といった財務諸表を作成したうえで、公認会計士の監査も受けます。むろんこの間も、通常の経理業務を同時並行させます。ですから、これらの時期はとにかく目が回るような忙しさなのです。上場会社である当社の決算業務には、決算発表、有価証券報告書の作成、決算公告、確定申告書の作成などがあります。

91　第1章　会社で簿記を使う

決算スケジュール

4月	5月	6月	7月	8月	9月	10月	11月	12月	1月	2月	3月

税　法…
会社法…　定期株主総会・決算公告
　　　　　法人税等確定申告・納税
金商法…　有価証券報告書　　四半期報告書　　　　　四半期報告書　　　　　四半期報告書
　　　決算発表（年次）　　決算発表（1Q）　　決算発表（2Q）　　決算発表（3Q）…証券市場

決算発表は、上場会社である当社のような会社が行う決算の速報開示であり、決算短信ともよばれるものです。会社が上場している証券取引所の要請に基づく開示ですが、この決算数値はその後に行われる会社法や金融商品取引法に基づく法定決算の基礎となるため、事実上、会社はこの時点までに、純利益などの数値を固めなければなりません。

有価証券報告書は、上場会社である当社のような会社が行う決算の開示であり、投資者保護を目的とする金融商品取引法に基づいてなされるものです。事業年度終了後3カ月以内に国に提出し、投資者はその後ウェブサイトから閲覧することができます。四半期報告書は、同じく金融商品取引法に基づく開示制度であり、事業年度を3カ月ごとに区分した期間ごとに、原則として45日以内に国に提出することが義務づけられているものです。

これらとは別に、会社法でも決算の開示が義務づけられています。会社法の定めに従うと、定時株主総会は事業年度終了後3カ月を経過する日の直前に開催されます。3月決算である当社の場合は、多くの上場会社と同じく6月の最終週に開催されます。決算で作成された貸

借対照表と損益計算書は、その定時株主総会による承認等を経た後、すぐに周知することが義務づけられています。これを決算公告といいます。公告の方法としては、新聞への掲載のほか、自社Webサイトで掲載することも認められています。

これらのうち決算短信と金融商品取引法に基づく決算開示である有価証券報告書や四半期報告書は、市場向けの開示制度であり、上場会社の経理状況に関する情報提供的意味合いが強いものです。これに対し、会社法に基づく決算開示である公告は、情報提供的意味合いと同時に、株主総会による承認等を得た結果として、ステークホルダー間の利害調整が果たされたことの説明責任的意味合いももっています。このように金融商品取引法と会社法とでは、法が目指す理念が異なるために、当社のような上場会社にあっては決算開示を二度手間的に行わざるをえないのです。

また、開示を目的とするものではないのですが、会社は毎年必ず法人税の確定申告を行わなければなりません。その際、確定申告書の提出と納付期限は、事業年度終了後2カ月以内と定められています。ただし、当社のような上場会社では、公認会計士の監査を受ける関係上、その期間内に決算が確定しないこともあるため、あらかじめ税務署長の承認を受けて期限を1カ月延長することができます。

このように事業年度終了後、経理部がこなさなければならない決算関連業務は山のようにあることがおわかりいただけたと思います。ただし、先ほども触れたとおり、会社が非上場

会社であれば、これらの決算関連業務のうちで必要とされるのは決算公告と確定申告だけになります。つまり、決算発表や有価証券報告書等の提出は、投資家向けの決算開示のため、投資家が存在しないか、存在しても数が少ないと考えられる企業に対しては金融商品取引法では開示を要求しないのです。

いずれにせよ、これらの業務を遂行するために、経理部の社員は、社内的には各支店との連絡調整のほか、株主総会を取り仕切る総務部、投資家窓口となるIR部とも連係しなければなりません。また、社外的には公認会計士や税理士と何度も打合せを重ねて、期限内に純利益を確定させ、納税額も決定しなければなりません。経理部に異動が決まった際、父が言っていた次の言葉は、まさにそのとおりだったのです。「上場会社の経理部か。まあ、年度初めから3カ月は、ゴールデンウィークも含め休みがないと覚悟した方がいいな。」

VII 簿記による財務諸表の作成

経理部で仕事をするようになって、とりわけ大きな達成感を感じることができた仕事に財務諸表の作成があります。財務諸表のうちメインとなるものは、貸借対照表と損益計算書です。いってみれば財務諸表は会社の成績表ですから、経理部に限らず、全従業員の1年間にわたる努力の結晶といえます。この結晶を作り上げるための技術こそが「簿記」なのです。

そこで、ここでは複式簿記のエッセンスを紹介します。

複式簿記では、取引が生じたらこれをひたすら2つの要素に分解して、それぞれの要素ごとに設けられた勘定とよばれるT字の記入場所の左右に分けて記入します。これが複式簿記の「複」の基本的な意味合いです。分解する要素としては、資産、負債、純資産、収益、費用の5つがあります。その際、資産と費用は増加を左（借方）に記入し、減少を右（貸方）に記入します。反対に、負債・純資産と収益は増加を右（貸方）に記入し、減少を左（借方）に記入します。たとえば商品を購入すれば、資産の要素の1つである商品勘定の左（借方）に記入し、銀行から借り入れを行えば、負債の要素の1つである借入金勘定の右（貸方）に記入します。これらの勘定が記入される帳簿を総勘定元帳といいます。

日々の取引結果は帳簿に記入されますが、企業は年に一度あるいは四半期に一度、決算を行います。決算では、総勘定元帳の各勘定の左右（貸借）の差額を集計し、それらについて収益と費用を損益計算書に、資産と負債・純資産を貸借対照表にまとめます。したがって、勘定記入こそが簿記の目的達成の基本パーツであり、複式簿記のゴール地点となります。

ただし、取引の発生を受け、いきなり勘定に記入していくと、どうしても取引の分解誤りや記入漏れが生じやすいため、勘定記入に先立って仕訳とよばれる勘定記入の前処理を行います。仕訳では、分解した取引を1つの場所に左右（貸借）一対のものとして記入します。現代のコンピュータ会計では、人間がこの仕訳入力を仕訳を行う帳簿を仕訳帳といいます。

複式簿記のエッセンス

[取引]
① 株式を発行し，現金 70 の払込を受け，営業を開始した。
② 銀行より 40 を借入れ，現金で受け取った。
③ 商品を 100 仕入れ，代金は現金で支払った。
④ 上記商品のうち半分（原価 50）を 80 で販売し，代金は後日受取（掛け）とした。
⑤ 従業員の給料 10 を現金で支払った。

<取引の複式分解>
① 「現金」という**資産**が 70 増加 ⇔ 「資本金」という**純資産**が 70 増加
② 「現金」という**資産**が 40 増加 ⇔ 「借入金」という**負債**が 40 増加
③ 「商品」という**資産**が 100 増加 ⇔ 「現金」という**資産**が 100 減少
④ 「売掛金」という**資産**が 80 増加 ⇔ 「売上」という**収益**が 80 発生
　「売上原価」という**費用**が 50 増加 ⇔ 「商品」という**資産**が 50 減少
⑤ 「給料」という**費用**が 10 増加 ⇔ 「現金」という**資産**が 10 減少

<仕訳の記入>

①	(借方) 現　　金	70	(貸方) 資　本　金	70
②	(借方) 現　　金	40	(貸方) 借　入　金	40
③	(借方) 商　　品	100	(貸方) 現　　金	100
④	(借方) 売　掛　金	80	(貸方) 売　　上	80
	(借方) 売上原価	50	(貸方) 商　　品	50
⑤	(借方) 給　　料	10	(貸方) 現　　金	10

<勘定の記入>

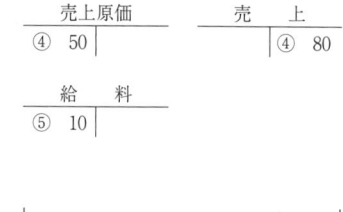

売上原価		売　　上		現　　金		借入金	
④ 50			④ 80	① 60	③ 100		② 40
				② 40			

給　　料		売掛金	
⑤ 10		④ 80	

商　　品		資本金	
③ 100	④ 50		① 60

<財務諸表の作成>

損益計算書

―費　用―		―収　益―	
売上原価	50	売　　上	80
給　料	10		
純利益	**20**		

貸借対照表

―資　産―		―負　債―	
売掛金	80	借入金	40
商　品	50	―純資産―	
		資本金	70
		純利益	**20**

正しく行えば、そこから先の総勘定元帳や財務諸表は、自動的に作成される仕組みになっています。

このように、複式簿記の手続の基本は、[取引] → [仕訳帳] → [総勘定元帳] → [財務諸表] という流れで進みます。なお、設例からわかるとおり、決算書たる損益計算書と貸借対照表ではともに同額の当期純利益が算定されます。利益計算を2とおりの計算によって行うことも、複式簿記の「複」の意味の1つといえます。

Ⅷ 会社における簿記

学校で習ったとおり、会社とは営利を目的とする法人です。営利とは、文字どおり営業活動による利益を意味します。この目的達成のために、会社は組織のなかにおける職種として営業や経理を必要とします。そこで最後に、これまでの会社での経験をもとに得た、会社と簿記の関係について私なりにまとめてみようと思います。

会社の第一線といえば、なんといっても営業でしょう。営業では売上という成果を獲得するためにさまざまな経費が生じます。たとえば支店のある営業担当者が、出先でボールペン1本を購入したとしましょう。営業担当者は帰社後、事務担当者に購入したボールペンの領収証とともに代金を請求します。事務担当者は、支払いを立て替えた営業担当者に対して精算を行いつつ、経費支払帳に記入を行います。ここまでが支店における活動です。私が支店

97　第1章　会社で簿記を使う

勤務時代にやっていた業務です。

次に、支店の事務担当者は、この経費支払帳のデータを本店に送ります。本店では、送られてきたデータをもとに会計帳簿たる仕訳帳に入力します。ここから先は、現代のコンピュータ会計ではオートマティックに進められますが、その原理としては先ほども触れたとおり、[仕訳帳] → [総勘定元帳] → [財務諸表] という流れになっています。そして、最終段階である財務諸表において、会社の目的たる「利益」が算出されます。この一連の流れ、システムこそが簿記という技術なのですから、簿記こそは会社の営業活動を利益に変換する手段といえるのではないでしょうか。営利追求の場が会社であるのですから、煎じ詰めれば簿記こそが会社のカナメだと思うのです。少々大げさでしょうか。

こんなことを考えてみたので、家に帰り父に話してみました。すると父は言いました。

「そうか。父さんはこれまでそんなふうに考えたことはなかったなあ。でも、そのとおりかもしれない。だからこそ簿記は５００年以上の永きにわたり、世界中で脈々と受け継がれてきた人知なのかもしれない。いつまでも子どもだと思っていたけど、自分で物事を考えられる立派な社会人になったものだな。父さんは嬉しいよ」

第2章 独立を考える

I 会社員生活における転機

大学卒業後、大手住宅メーカーに就職し、当初は支店勤務、その後、本社の経理部に異動となり、長年、管理部門の仕事をしてきました。気がつけば、四十路の坂を越えていました。社内では順調に昇進し、今では経理課長の役職に就いています。当然のことながら、職責は重くなり、毎月の役員会に提出する全社的な月次決算の最終チェックは当然のこと、3カ月に一度やってくる四半期決算、年次決算、法人税等の確定申告、株主総会提出用の決算書作成などなど、上場会社の経理業務のすべてに携わっています。

ですから、社内の作業では、全国の60を超える支店とのやりとり、それらの集計結果の経理部長への提出があり、社外的には、四半期ごとの決算開示に際して行われる会計監査における公認会計士とのやりとり、確定申告時の税理士とのやりとりなどに追われます。自分でいうのも憚られますが、「当社のカネ回りは、私なしには成立しない」という自負も強くもっています。

他方、大学卒業このかた、仕事に打ち込んでやってきたせいかどうかはわかりませんが、私生活では結婚の機会を得られずに来てしまいました。その間次々に結婚し、さらに子供をもうけていくなか、私のなかで結婚というテーマは「いずれその日が来るでしょう。」くらいにしか考えていませんでした。今や、本社内でも数少ない女性課長のポジションにいる私ですが、気がつけば頭のなかからは「結婚」という文字がほとんど消えかかっている今日この頃でした。

そんなある日、月次決算も無事めどがついた金曜の夕方、直属の上司である経理部長から飲みに誘われました。むろん、直属の上司ですから、これまでも仕事の延長線上で、しばしば飲みに行き、そこでオフィスではできない腹を割った話もしてきました。ただ、今日の誘いは、少し腑に落ちないものでした。今は、経理部内において、特段の懸案事項もないし、また監査や税務の時期でもなかったからです。

これまでも、経理部長に何度か連れてきてもらった店、会社からほど近いお洒落なバーに行くと、そこには人事部長がいたのです。はじめは偶然かとも思ったのですが、ひとしきり他愛のない会話を終えたとき、人事部長から驚くような話を切り出されました。それは、次の人事異動の構想でした。なんと、私が支店長候補としてリストアップされているというのです。役員はじめ、本社管理部門の部長クラスも私のことを高く評価しており、ゆくゆくは当社初の女性役員就任も視野に入れているというのです。ただ、そ

のためには他の男性社員と同様に、必ず一度は支店長を経験させ、そこで一定の業績を残すことがマストだというのです。

「頭が真っ白」とは、こんな状況をいうのでしょうか。人事部長の口から発せられた突然の言葉に、おもわず尋ねてしまいました。

「支店って、どこのでしょうか?」

その問いかけに対し、人事部長はこう言いました。

「うん、まあそれは今の段階では言えないのだが…。そう、君の自宅は埼玉だったよね。」

「はい、川越です。」

「そうか。まあ、自宅から通勤するのは無理な土地とだけ言っておこうか。」

その夜は、人事部長からも経理部長からも、回答は求められませんでしたが、近いうちに意思表示をしなければならなくなりました。

その日からというもの、仕事中もオフのときも、支店長人事のことが頭にこびりついて離れなくなりました。支店長はうれしい、役員就任という話も夢のようだ。でも、実家を離れるのは辛いし、何より年老いた両親の面倒を誰がみるというのだろうか。1人いる弟は、福岡で居を構えているし、両親の面倒をみるのは私しかいない。どうしよう…

II 会社との訣別、独立へ

今年で20年の区切りとなる会社員生活ではいろいろなことがありましたが、曲がりなりにも現在のポジションと社内での評価が得られたのは、生来の上昇志向とそれに向けた努力の結晶だと思います。同期入社の女性は数十人いましたが、現在も社内に残っているのは片手に余るくらいしかいません。ましてや、管理職は私だけです。

まだまだ、この会社でやっていきたいと思う気持ちがある反面、最近、特に管理職となってから感じるようになった悩みもありました。それは、経費入力の期限や提出書類を守らない部署との間、とりわけ支店長とのやりとりなどで、経理課長として強い指示を出した際に、「はいはい、了解しました、女性課長様。」といった嫌みな反応であったり、経理部内の男性部下が、「だから女性の上司は、やりづらいんだよな。」といった陰口を叩いているのを耳にしたこともあったからです。

そんなタイミングで、大学卒業後に知り合った同い年の友人から、思いもよらぬ電話をもらったのです。彼は、私が30代前半、会社に勤務するかたわら通った大学院で共に学んだ仲間でした。英文科卒の私は企業実務の知識が乏しく、会社勤めするようになってから、もっと企業や経済のことを学びたいという気持ちが高まっていました。そんな折、平日夜と週末の通学だけで修了できる大学院、いわゆるビジネス・スクールがあることを知り、思いきっ

て2年間通学したのです。そこで知り合った仲間でした。
「やあ、B子、久しぶり。元気かい。」
「えー、N野君、急にどうしたの。元気よ。N野君こそ元気？」
こんな調子で懐かしい友人との会話は始まったのですが、彼は折り入って相談があるので、週末に時間をとって欲しいというのです。むろん独り身ですから、休日出勤さえなければ、週末の時間はいくらでもあります。その週末、久しぶりに旧友と都内のカフェで会うこととになりました。

N野君は、会うなり、久々の挨拶もそこそこに、驚くようなことを口にしました。今、起業の計画中だというのです。しかも、私に共同経営者として参画して欲しいというのです。N野君は、IT系事業会社の総務部で働いているN野君は、主に労務管理の業務、とりわけ給与計算や社会保険関連を業務の中心にしていたのです。そのうえ、仕事で馴染んだそれらの業務の延長線上にある国家資格、社会保険労務士の資格にチャレンジし、見事合格したというのです。男女の違いはあるものの、お互い向上心が強く、やると決めたらとことんやるN野君はどことなく自分に似ていて、少し尊敬もしていました。そんなN野君が、資格取得を契機に起業したい、ついては一緒にやろうと誘ってきたのです。

N野君のプランは概ねこういうことでした。多少の明るさも垣間見られる現在の日本経済ではあるが、まだまだ企業の収益力は以前ほど力強くない。だから、中小企業は営業のよう

103　第2章　独立を考える

な直接部門はともかく、総務や経理といった間接部門までは人的にも資金的にも余裕がない。そこで、それらをアウト・ソーシングで賄い、成長を目指す企業が多いはずだ。そこにビジネス・チャンスがあるというのです。総務関連をN野君が担当するので、経理関係を私にやって欲しいというのです。さらに、当面、労務と経理でアウト・ソーシング会社を立ち上げたうえで、順調にいけば法務関係も司法試験合格者などを採用して業務を拡大し、総合ビジネス・ソリューション会社にしたいといいます。

悩んだ末、42歳、人生も折り返し地点、転機だと思って独立を決断しました。安定した会社員人生に未練がないといえば、嘘になります。でも、長い会社勤めで培った経験と、大学院通学などの自己研鑽で蓄積した能力を、実践で試したい気持ちがそれを上回ったのです。そんな気持ちが心の底に横たわっていたところに、社内での人事と旧友からの誘い。本当にタイミングだと思います。そして何より、両親と同居を続けられることが、背中を押しました。さあ、いよいよ独立に向け準備です。

Ⅲ　経営戦略

これまでの人生で最大の決断をし、年度末をもって20年間勤めた会社を退職しましたが、正直不安もいっぱいでした。しかし、一足先に会社を辞めていたN野君は、思った以上に周到な準備をしていました。N野君はこんなことを言いました。

「事業を始めるには、出たとこ勝負じゃダメだ。むろん描いた絵のとおりになる保証はないけど、絵を描くことで、そこからはずれた場合でも冷静に軌道を修正することができるはずだ。だから、焦らずに、万全の準備で開業を迎えよう。」

「そうね。」

「そもそも僕らの目標は、何だい？」

「えっ、目標？　目標は、そう…、儲けること？」

「ハハハッ。まあ、そりゃそうだけど。せっかく自分たちが船長になってやっていくんだから、もうちょっと高尚な目標を掲げようぜ。」

「あ、うん。」

「企業とは何か。それを決めるのは企業自身ではなくて顧客である、とドラッカーは言うんだ。顧客だけが商品やサービスに対し支払いの意思があるからだと。だから、企業の目的は『顧客の創造』であって、『利益の追求』であってはいけないのだと。」

「あ、そうなの。すごいね、ビジネス・スクールの勉強が身についているじゃない。」

「ハハハッ。そうかい。スタートくらい、かっこつけさせてくれよな。」

こんなふうに始まった起業活動ですが、目標を達成させるための戦略が大事なことは、私も理解していました。話し合った結果、さしあたり次の3点を基本戦略にすることにしました。

① 顧客満足度最優先
② 事業計画実践
③ キャッシュ・フロー経営

Ⅳ 事業計画実践

起業に向け、夢が膨らむ日々でした。週の半分は、N野君の自宅に出向き、打合せを進めています。そんなある日、N野君から次のような話がありました。

「うん、だいたいビジネスの構想は固まってきたな。そろそろ事業計画書を作ろう。」

「事業計画書?」

「そう、事業計画書。僕らがこれまで固めてきた起業に関するアイデアに、実際に数値を入れて作る書類だな。まあ、起業の『見える化』だな。」

「そうなんだ。そうよね、私たちの頭のなかだけでインプットしていても、もしかするとお互いの認識違いがあるかもしれないものね。」

「うん、確かにそれもある。それ以上に、これから金融機関からの融資なんかも必要になってくるかもしれないよね。またそのほかにもさまざまな協力者が必要だろ。そのときに、口だけでこうですと言っても、相手にしてくれないよな。だから、起業計画を僕ら自身

が再認識することと同時に、対外的な書類という意味もあるんだ。」

「なるほどね。あ、そうだわ。N野君、私の父が税理士だって話をしたことがあったわよね。父は、起業準備のお手伝いの仕事もしていたことがあるの。今までは雇われ社員だったからそういった話に興味がなくて、ちゃんと聞いたことがなかったんだけど、いい機会だから父からいろいろ教わってこようかしら。」

「それはいい考えだね。」

これまで長年、企業の経理部で働いてきたなかで、私にとってわからないことを教えてくれる頼もしい存在です。そんな父も70歳を超えた今では、第一線からは退き穏やかに暮らしています。自宅に帰って、事業計画書について聞いてみることにしました。

「お父さん、久しぶりに教えてほしいことがあるの。いいかしら。」
「起業準備のことだろう？」
「え、まだ何も言っていないのに、どうしてわかっちゃったの。そうなの。ビジネス・スクール時代の友人と起業するために、色々と準備を進めているんだけど、そろそろ事業計画書を作ろうって話になったのよ。事業計画書には、何をどのように書けばいいのかしら。」

起業時に必要とされる事業計画書は、基本的に次の3つがありました。

①　開業資金計画書
②　利益計画書
③　借入金返済計画書

①開業資金計画書は開業時の資金調達と資金運用の計画、②利益計画書は開業後の収益・費用・利益の計画、③借入金返済計画書は借入金の返済計画です。

1　開業資金計画

私が長年勤めた会社では、毎決算期に貸借対照表を作成していましたが、起業時にもそれが必要であることがわかりました。起業時に作成する貸借対照表を、開業貸借対照表というそうです。貸借対照表ですから、借方に資産、貸方に負債と純資産が記載されます。まず資産です。必要な設備資産を見積もってから、それに見合う資金調達を考えなければならないからです。

「それじゃあ、まずは君たちの事業に必要な資金をリストアップしてごらん。」

私たちの事業はサービスを提供する業体ですから、多額の設備投資は要しません。それでも、N野君の強い希望で、オフィスは自宅ではなくいずれかの場所で賃借することにしました。公私の区別をつけることと、顧客が訪ねてくる際の心証を考えてのことでした。賃借と

108

なれば、不動産自体の所有はないので土地や建物を計上する必要はありませんが、不動産賃借のための権利金や敷金を計上しなければなりません。

ほかには、PC等のオフィス機器は購入しなければなりません。ただ、コピー機は保守点検の問題もあるので、リースにしました。中小企業を顧客とするため、交通の不便な地にある会社もあるでしょうから、車両も欲しいところですが、当面は見あわせることにしました。これらは、開業賃借対照表に計上する必要があります。

「あれ、案外少ないわねぇ。」

「おいおい、何か忘れていないかい？　今、リストアップしたのは設備資金だけだろう。これ以外に、運転資金がなければ商売にならないじゃないか。」

「あっ、そうね。」

「元経理ウーマン。しっかり頼むよ。」

そうなのです。運転資金が必要なのでした。起業時に必要とされる運転資金は、開業前に必要な資金と開業後に必要な資金とに分けられます。開業前に必要な資金は、さらに設立登記前に必要とされるものと、設立後に必要とされるものとに分けられます。

設立登記前に必要とされるものは、創立費とよばれます。たとえば、定款や諸規則作成のための費用、目論見書・株券等の印刷費、創立事務所の賃借料、金融機関の取扱手数料、創

109　第2章　独立を考える

立総会に関する費用、発起人が受ける報酬、設立登記の登録免許税などがそれです。小さいながらも会社組織を選んだため、初期費用は法定費用だけでずいぶんかさむことがわかりました。

それから設立後に必要とされる開業費です。たとえば、建物等の賃借料、広告宣伝費、通信費、交通費、事務用消耗品費、支払利子、保険料、水道光熱費などがそれです。これら創立費と開業費は、会計上、費用計上してもよいのですが、資産計上したうえで、開業後に費用化することも認められています。

さらに、開業後に必要とされる資金も用意しなければなりません。私たちがやろうとしているのは対事業者取引、いわゆるB to B取引です。ですから、売上は掛け取引か手形取引が想定されるのです。他方、経費はすぐにキャッシュで支払うものが多くなるため、つなぎ資金も見込まなければならないのです。

なぜ、と思われるかもしれませんよね。商売を始めているのに、と思われるかもしれませんよね。

さあ、これで運転資金は見積もれました。これに見合う資金調達です。今回の起業に際しては、私たち共同経営者2人が同時に株主となり、創立時の資本の半々を出資することで合意していました。幸い退職金があったので、これを資本に充当しました。その結果、銀行からの借り入れはしなくても済みそうでしたが、N野君の発案で、今後の事業拡大時に融資を受けられるよう、まずは少額でもいいから銀行から借り入れを実行し、しっかり返済してい

110

図表2−1　開業貸借対照表

開業貸借対照表

資産の部		負債の部	
現金預金	2,000,000	短期借入金	500,000
器具備品	600,000	負債の部合計	500,000
権利金	200,000	純資産の部	
敷　金	200,000	資本金	3,000,000
創立費	300,000		
開業費	200,000	純資産の部合計	3,000,000
資産の部合計	3,500,000	負債・純資産の部合計	3,500,000

こう。そうして信用を積み上げていけば、いざ急に資金が必要となったときに、融資が受けやすいと考えたのです。

これらの結果、開業貸借対照表は図表2―1のようになりました。

2　利益計画

利益計画も重要です。利益が獲得できなければ、会社は縮小・消滅してしまうからです。利益計画は、その算定要素である収益計画と費用計画からなります。

まず、収益計画です。収益には本業から得られる売上収益と、資金運用などから得られる利息・配当収益などがありますが、基本は売上収益になります。これに対して、費用計画は多岐にわたります。まず、物品販売業であれば売上原価、サービス業であれば役務原価です。そのほかに、役員報酬や従業員給与などの人件費、社会保険料などの法定福利費、広告宣伝費、保険料、通信費、交通費、水道光熱費、支払利息、さらに固定資産を自己所有していれば減

価償却費も発生します。それから忘れてならないのは、法人税、住民税、事業税などの税金費用です。

「B子、この利益計画で大事なのは、単に収益と費用を年度ごとに見積もり計算するのではなく、どれだけの売上を獲得すれば利益が出るか、つまり赤字から黒字に転換するポイントがどこであるかを把握することにあるんだよ。」

「赤字から黒字に転換するポイント？ お父さん、もう少し詳しく教えてくれるかしら。」

「それじゃあ、わかりやすいように物品販売業を前提にして考えてみようか。たとえば、1個60円で仕入れた商品を100円で売っているとする。この商売では固定費が100万円かかるとすると、利益を得るには最低いくらの売上高（販売個数）が必要かわかるかい。このとき、いくらの売上高を確保すれば利益が出るのか、そのポイントを損益分岐点というんだ。」

ちなみに固定費とは、売上高の増減に関わりなく発生する費用をいい、人件費、法定福利費、広告宣伝費、保険料、支払利息、減価償却費などが該当します。これに対し、売上高の増減につれて変動する費用を変動費といいます。これには、売上原価、運賃、荷造費、保管料などがあります。

さて、損益分岐点の計算です。まず、売上高から変動費を引いたものを限界利益といいます。商品は1個100円で販売され、その仕入価格は60円ですから、1個販売するごとに限

112

界利益は40円になります。さらに固定費として100万円かかりますが、この100万円は限界利益によって賄われなければなりません。つまり、

100万円÷40円＝25,000個
100円×25,000個＝250万円

となるので、250万円（25,000個）販売したときに、固定費は回収されることになります。

固定費は売上高の増減に関わりなく発生する費用であり、会社の存続に不可避な費用といえます。ですから、固定費を売上高から回収することを最初に考える必要があります。つまり、「限界利益＝固定費」となる点が損益分岐点となるわけです。

ちなみに、損益分岐点売上高の公式は次のようになります。

損益分岐点売上高＝固定費÷１－（変動費÷売上高）

また、損益分岐点を図で表せば、図表2－2のようになります。

昔から、「収支トントン」という表現がありましたが、その意味するところは、まさしく損益分岐点ということになるのです。

損益分岐点を下げるにはどうすればよいのでしょうか。１つは、限界利益率を上げること

図表2-2　損益分岐点図

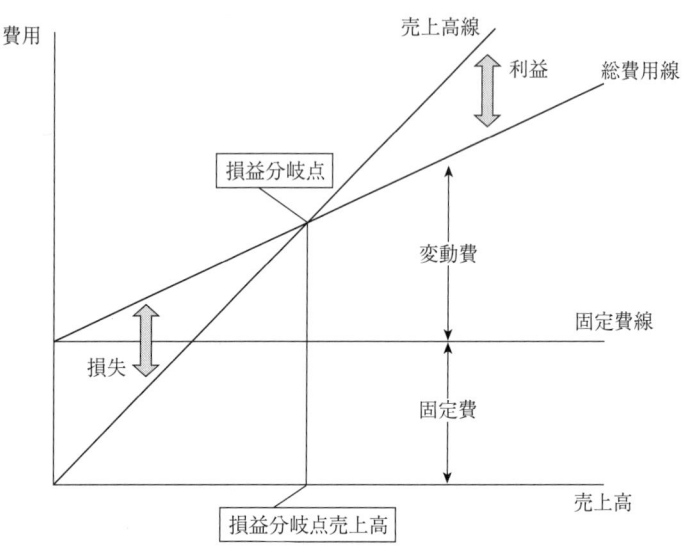

費用／売上高線／利益／総費用線／損益分岐点／変動費／固定費線／損失／固定費／売上高／損益分岐点売上高

です。言い換えれば変動費を下げることです。これは仕入先との価格交渉などが必要になるため、なかなか簡単ではありません。

もう1つは、固定費を削減することです。具体的には、水道光熱費や交通費などを圧縮することです。こちらは変動費と違い、企業自身の努力で行えるものです。過剰な設備資産があれば、それを売却処分することで減価償却負担も軽減します。そして、じつはこれが私たちの事業の狙い目でもあるのですが、企業はこの固定費圧縮のために、今後ますます間接部門をアウト・ソーシングに転換するはずなのです。つまり、総務や経理といった間接部門の業務は、その企業の独自色、ノウハウといったものが薄い

114

め、アウト・ソーシングでも十分と考えるはずなのです。企業のリストラこそ、私たちの事業のビジネス・チャンスと考えているのです。

V　キャッシュ・フロー経営

　最後に、私たちの基本戦略の3つ目、キャッシュ・フロー経営についてです。決算書の1つに、キャッシュ・フロー計算書というものがあります。キャッシュ・フロー経営ですから、フローは「流れ」ですから、直訳すれば「資金の流れ計算書」ということになるでしょうか。この決算書は、金融商品取引法の規制を受ける企業に作成が義務づけられています。私が勤務していた会社でも、貸借対照表、損益計算書と並んでキャッシュ・フロー計算書を作成していました。

　ただ、今回立ち上げようとしている会社は、むろん非上場会社ですからこの法律の規制は受けず、キャッシュ・フロー計算書の作成義務はないのです。それでも、私の会社勤務時代の経理業務の経験を通じて、この計算書の重要性を痛感したのです。統計によれば、倒産の原因として、上場企業などの大企業は債務超過が主因であるのに対し、中小零細企業は資金繰りの失敗が最大要因だといいます。だから、本当は上場会社よりもむしろ中小零細企業ほど、キャッシュ・フロー計算書の作成が必要とされるはずなのです。

　「勘定合って、銭足らず」という言葉をご存知でしょうか。あるいは「黒字倒産」という現象をご存知でしょうか。これらが、キャッシュ・フロー計算書の必要性を明かす鍵になり

図表2−3　設例

期首	現金 1,000　資本金 1,000					
期中	銀行より 300 を借り入れた	(借)現　　　　金	300	(貸)借　入　金	300
	商品 400 を現金購入した	(借)商　　　　品	400	(貸)現　　　　金	400
	上記商品のうち 250 を 350 で掛け販売した	(借)売　掛　金	350	(貸)売　　　　上	350
		(借)売 上 原 価	250	(貸)商　　　　品	250
	備品 600 を現金購入した	(借)備　　　　品	600	(貸)現　　　　金	600
決算	減価償却費 60 を計上した	(借)減価償却費	60	(貸)備　　　　品	60

ます。両方とも、読んで字の如しなのですが、「勘定合って、銭足らず」とは、損益計算書上は利益が確保されているにもかかわらず、現実のキャッシュが確保されていない状況をいいます。企業は、利益が計上されれば法人税等の納税義務が生じますし、また株主からの配当圧力もかかります。しかし、納税も配当もキャッシュで行うものですから、そのキャッシュがなければ、それらが実行できなくなり、最悪倒産ということにもなりかねないのです。「黒字倒産」とは、そのような現象を指します。

キャッシュ・フロー計算書の原理を簡単に説明するために、設例を用意しました（図表2−3）。

非常に単純な設例ですが、この設例では、損益計算書上は利益が40計上されているにもかかわらず、キャッシュ・フロー計算書上はキャッシュ・インフローがキャッシュ・アウトフローを700下回り、キャッシュ・フローは当年度において純減となっていることがわかります。貸借対照表と損益計算書、キャッシュ・フロー計算書のことを俗に主要3表ともいいますが、これらの関係を図に示せば、図表2−4のようになります。

図表2−4　主要3表の関係（直接法）

期首貸借対照表

現　金 1,000	負　債 0
その他の資産 0	資本金 1,000

キャッシュ・フロー計算書 ［直接法］	
売上収入	0
仕入支出	△400
備品購入支出	△600
銀行借入収入	300
資金の増減額	△700
資金の期首残高	1,000
資金の期末残高	300

期末貸借対照表

現金 300	借入金 300
売掛金 350 商　品 150 備　品 540	資本金 1,000 繰越利益剰余金 40

損益計算書

売上高	350
売上原価	△250
減価償却費	△60
当期純利益	40

　キャッシュ・フロー計算書は、キャッシュ・フローを取引の性質に応じ3区分に分け、それぞれのキャッシュ・インフローとキャッシュ・アウトフローを示します。その3区分とは、①営業活動、②投資活動、③財務活動です。この区分は損益計算書とは異なります。①営業活動とは商品売買など本業活動であり、②投資活動とは設備投資など資金運用の活動であり、③財務活動とは借り入れや株式発行などによる資金調達活動です。

　なお、ここで示したキャッシュ・フロー計算書は直接法によるものですが、このほかに間接法も認められています。間接法によるキャッシュ・フロー計算書で直接法と違うのは、営業活動によるキャッシュ・フローの区分だけです。また、直接法では、すべてのキャッシュ・インフローとキャッシュ・アウトフローを把握

図表2-5　キャッシュ・フロー計算書
　　　　（間接法）

キャッシュ・フロー計算書 （間接法）	
当期純利益	40
減価償却費	60
売掛金の増加	△350
商品の増加	△150
備品購入支出	△600
銀行借入収入	300
資金の増減額	△700
資金の期首残高	1,000
資金の期末残高	300

しなければ作成できませんが、間接法では、貸借対照表と損益計算書があれば作成が可能となります。同じ設例から間接法によるキャッシュ・フロー計算書を作成すれば、図表2-5のようになります。

キャッシュ・フロー計算書を利用する際の注意点として、3区分の補完関係を理解することが挙げられます。つまり、営業活動によるキャッシュ・フローは、本業のキャッシュ・フローですから、ここはプラスであることが望まれますが、投資活動と財務活動によるキャッシュ・フローはプラスだから良い、マイナスだから悪いということではないのです。

たとえば、通常の企業では、設備投資のためのキャッシュ・アウトフローはあっても、設備資産の売却によるキャッシュ・インフローは一般的とはいえないはずです。そこで、投資活動によるキャッシュ・フローはマイナスが一般的なのです。また、財務活動によるキャッシュ・フローは、資金調達活動が続いている間はプラスになりますが、返済が始まってくればマイナスとなるのです。ですから、キャッシュ・フロー計算書は、3区分の補完関係から企業の資金繰りを判断すべきなのです。

第3章 社会貢献に目覚める

Ⅰ きっかけは先輩との再会

冬の寒さがだんだんと和らぎ、オフィスの窓を開ければ桜の蕾が芽吹いていました。コーヒーを片手に、執務机で仕事の書類をチェックしながら壁にかかっているカレンダーに目を向けると、早いものでこの会社を興して8年にもなるのだと気づきました。

新卒で住宅メーカーに入社、父親譲りの負けん気で脇目も振らずに仕事をこなし、ようやく手に入れた経理課長の椅子。それでも「自分自身の実力を試したい」という気持ちがどんどんと強くなり、独立のために自分でもあっけないと思うくらいポストを手放したのでした。

事業を始めた最初の頃は苦しいことが多くて、人生の選択を後悔しそうになるたびに「独立なんてそんなに甘いもんじゃないよ。」と言った当時の上司の言葉が頭によぎりました。

それでも地道に人脈をたどり、何より家族のサポートがあって事業の方は何とか軌道に乗っています。

今夜は、以前勤めていた会社のU美さんと久々に食事に行く約束をしていました。U美さ

119

んは私よりも5歳年上の女性の先輩で、部署こそ違いましたが何かと親切にしてくれた恩人です。私とは違ってU美さんは出産と同時に会社を辞めましたが、辞めた後もこうしてたまに食事に行く仲を続けています。待ち合わせていたお店に着くと、U美さんが窓際の席から外を眺めていました。
「U美さんお久しぶりです、お待たせしちゃってごめんなさい。」
「B子ちゃんお久しぶり。時間より早く来たのは私の方だから気にしないで。さ、まずは飲み物を頼んで乾杯しましょう。」
会社に勤めていた時代の昔話やお互いの近況の話などに花を咲かせ、和やかな食事の時間を過ごしていると、U美さんがふとこんな話を切り出しました。
「そうそう、うちの下の娘覚えてる?」
「U美さんの娘のY香ちゃんと最後に会ってから、もう10年以上経った気がします。」
「Y香ちゃんでしたよね? よく覚えてますよ。前にうちに遊びに来た時はまだ小学生でしたよね。懐かしいなぁ…。もうすっかり大きくなったんじゃないですか?」
「もう大学2年生よ。身体ばかり大きくなって、中身はあの頃のまんま。でも、わが娘ながら、1つだけ感心することがあるのよね。」
「へぇ、何ですか?」
「最近、大学のお友達と毎週土曜日に、地域清掃のボランティアをやっているのよ。下は

120

高校生から上はお年寄りまで、結構な人数が集まってね。『ママもたまには身体動かさなきゃ!』なんて言われて駆り出されてるのよ。」

「Y香ちゃん偉いですね。いつのまにか立派になっちゃって…」

「そういえばB子ちゃんも、学生時代にボランティアサークルに入ってたよね? もし興味があったら遊びに来ない? ご自分の会社があって、お仕事お忙しいのでしょうけど…」

「へぇ、U美さんの袖をつかんで恥ずかしそうにうつむいていたY香ちゃんが…。そんな感慨とともに、自分も「何か人の役に立てることをしたい。」という気持ちで若い頃にボランティア活動に勤しんでいたことを思い出しました。

「毎週はさすがに難しそうですけど、空いた日にお手伝いできるなら…」

Ⅱ ボランティア活動の限界

「B子おばさん、お久しぶり! この活動に参加してくれるなんて嬉しいです!」

すっかり大人っぽくなったY香ちゃんの歓迎を受けて、久しぶりにボランティア活動に参加することになりました。Y香ちゃんと同世代の若い子たちと一緒になって地域清掃で汗を流すことに最初は充実感を感じていましたが、活動に参加して1ヵ月ぐらい経つといろいろな問題点がみえてくるようになったのです。

一番の問題は、活動費用でした。清掃活動や廃品回収で生じたごみの運搬や処分にも、当

然経費がかかります。当初は、車をもっている人がごみ処理場に運ぶという作業を繰り返してきました。けれどシートが汚れてしまうこともあるし、毎回車を出せる人が参加できるわけでもないので、どうしても都合がつかないときには参加者でお金を出し合い、レンタカーで軽トラックを借りることもありました。

また、ボランティアの計画的な人員配置や作業スケジュールについても場当たり的なものが多く、なかなかうまく割り振りできないことも多かったのです。経験のない学生が中心になっているうえに、参加者それぞれ仕事や大学の授業等があり、週末空いた時間に作業に従事するのが精一杯な状況のなかで、清掃活動等をプロジェクトとして管理することは困難でした。このような状況が続くにしたがい、小さなトラブルや不満があちこちで積もっていった結果、ボランティアとして参加する学生や地域住民の数がだんだんと少なくなっていきました。

このことをなにより残念に思っていたのは、この運動を率先して行っていた学生たちだったようです。ある日、Y香ちゃんから電話があり、ボランティアサークルのリーダーであるI沢君が私に相談したいことがあるという話を伝えてきました。そこで電話があった翌日、私のオフィスに2人で来てもらうことになりました。

I沢君は「お忙しいなか、お時間をいただいて申し訳ありません。」と一言詫びたあと、こう切り出しました。

「市から活動資金を助成してもらおうと思います。そのためには、NPOとして法人格を

もつようアドバイスをもらいました。僕たち学生だけでは限界があります。B子さんは以前、会社で管理職をされていて、今はこうして独立して会社を立派に経営されていると伺いました。お仕事がお忙しいことは充分承知していますが、中核メンバーとして私たちを助けてはいただけませんか。」

I沢君の熱意は感じましたが、この提案について即答することはできませんでした。学生時代に所属していたボランティアサークルでも感じていたことですが、有志の集まりというだけでは組織として継続した活動ができないことは身にしみてわかっています。そして何より、自分の事業のこともあります。I沢君とY香ちゃんには、考える時間がほしいと伝えました。

III NPO法人の設立へ

地域のために何かしたい、そして何よりも私をせっかく頼ってきた若い学生たちを助けてあげたいという思いはあります。しかし、私にも独立して起こした事業があり、その活動だけに従事することは不可能でした。無責任に引き受けることはできない、しかし力になってあげたい…。そう悩んでいる姿をみた会社の共同経営者であるN野君が「知り合いに、実際NPOをつくったことがある人を知っているから相談してみたら」と提案をしてくれたのです。

その人は、N野君の以前の上司だったH田さんの奥様のK子さんという方で、役所を定年退職した後に子育て支援のNPOを立ち上げて活動しているという話でした。今は、共働き

や初めての育児で戸惑っている主婦のためのサポートや各種行政サービスの利用等の啓発活動を行っているそうです。
「あまり偉そうなことは言えないけど、1人で悩むよりもっと周りの人を頼ってもいいんじゃないかな。学生さんたちの要請を引き受けるかどうかは、そのあとだって遅くないよ。」
そこで早速、N野君から連絡を入れてもらい、K子さんに会いに行きました。
K子さんはNPO法人の理事長をされていて、時間のやりくりや体力的にも大変なお仕事だけど、その分とても充実していると話してくださいました。
「うちは、私も主人も定年で仕事を辞めているでしょう。夫婦ふたりで老後をのんびりという考え方もあるけど、私はやっぱり何か動いてないと落ち着かなくて…。何より誰かに必要とされているという実感は、何物にも代えがたい達成感が支えてくれるのよ。」
とても優しい笑顔で私の悩みに答えてくれました。
「でもねB子さん、いろいろな方々からNPOをつくりたいという相談をよく受けるのだけど、もうすこし組織をつくるということの意義や社会的責任をしっかり感じてほしいと思うのよね。」と話を続けました。
「NPOをボランティア団体だと思っている人が多いけど、厳密にいうと違うの。会社と同じ『法人格』を与えられた組織であって、普通の会社を経営するのと同じく社会的な責任が大きいのよ。B子さんはご自身で事業されていらっしゃるというお話だし、私が言ってい

124

る意味はわかっていただけるわよね?」
K子さんは役所でいろいろな部署を経験され、地元企業との仕事上のお付き合いのなかで事業を継続していくということの難しさをよく知っていらっしゃいました。そして、会社の事業が株主や債権者はもちろん、取引先や顧客など多くの人たちによって支えられており、途中で事業を中断するようなことは、それら関係者に多くの迷惑をかけるということを肌で感じたとおっしゃったのです。
そんななかで、安易にNPOをつくってはみたものの活動を継続させることができず、開店休業状態のNPOが多いこと、そしてどんな小さなNPOであっても、協力してくれる人、自治体の担当者のお金や時間が費やされていること、そしてそれ以上に世間からNPOが期待されていることを実感し、活動の継続に責任をもたなければならないと指摘したうえで話を続けてくださいました。
NPO法人は、正式には「特定非営利活動法人」といい、「特定非営利活動促進法」（NPO法）に基づいて都道府県または指定都市の認証を受けて設立された法人のことをいうそうです。ここでいう「特定非営利活動」とは、「①法が定める下記の分野に当てはまるもの」であって、「②不特定かつ多数のものの利益の増進に寄与することを目的とする活動」のことを指します。
NPO法は、阪神大震災のあと、ボランティアを支える社会的な仕組みの必要性からつく

図表3−1　NPO法による特定非営利活動

保健，医療又は福祉の増進	社会教育の推進	まちづくりの推進	学術，文化，芸術又はスポーツの振興	環境の保全
災害救援	地域安全	権利の擁護または平和の推進	国際協力	男女共同参画社会の形成の促進
子どもの健全育成を図る活動	情報化社会の発展を図る活動	科学技術の振興を図る活動	経済活動の活性化を図る活動	職業能力の開発または雇用機会の拡充を支援する活動
消費者の保護を図る活動	NPOの運営または活動に関する連絡，助言または援助の活動	観光の振興	農山漁村または中山間地域の振興	

られた法律だそうです。NPOは、ボランティア活動など市民が「主体的」に行う自由な社会貢献活動を支えるためにつくられた制度だといえます。

NPO法では、認証制の採用など所轄庁の関与を少なくする代わりに、NPO法人が積極的に情報公開を行い、それを市民がチェックするよう定められています。そのためNPOは、正確で他のNPOと比較可能な会計報告書を作成する義務があります。その意味で、民間企業と同等以上の会計責任を負っています。

またNPOの活動資金提供者は、株主のような利益の配分や持分の取引による利得を求めていません。利益獲得目的ではなく、各NPOの掲げるミッションおよび実際の活動に共感、社会貢献活動が継続して実施されることを望んで資金等の資源を提供しています。この観点からも、活動資金提供者から拠出されたお金が正しく使われているかどうかを正しく報告するために会計責任が重要になっており、

NPOの経営者および参加者は、民間企業で働く以上の職業倫理をもって活動していかなければならないのです。

Ⅳ 事業計画と財源の確保

K子さんのアドバイスは大変参考になり、またK子さんのお話を伺ってますます学生たちの役に立ちたいと強く思うようになりました。

早速、I沢君にK子さんから聞いた内容を話し、自分で良ければ仕事にさしさわりのない範囲でお手伝いを引き受けたい旨を伝えました。

I沢君はボランティアサークルの運営メンバーを招集して協議し、これまでの活動を継続させるためにNPOをつくるということでメンバーの意見が一致しました。

まずは、株式会社で株主に相当する社員を成人しているメンバーのなかから10人選び、取締役に相当する理事を3名と監査役に相当する監事を1名選出することになりました。リーダーのI沢君が理事長に就任し、監事は私が引き受けることになりました。

NPOの設立には出資金等は必要ないということで、当初はメンバーから資金拠出を募らないことにしました。そのうえで、理事と監事で届出に必要な事業計画書および初年度および次年度の収支予算書の作成にとりかかることになりました。

NPOの目的が社会的なミッションの遂行にあることから、事業計画書は、それらが計画

図表3-2　NPO申請時に必要な書類

設立認証申請書	定　款	役員名簿	役員の住民票
各役員の就任承諾書および宣誓書の写し	社員10人以上の名簿	確認書（宗教活動，政治活動が目的でない，暴力団でない等）	設立趣旨書
議事録の謄本	事業計画書	収支予算書	

的に行われるのか自治体が判断するために提出されます。そこで毎晩、私のオフィスに理事に集まってもらい、1週間をかけて事業活動を練り上げ、それに合わせた形で収支予算書を作成しました。

市役所に提出する前にK子さんに見ていただこうと約束を取りつけ、3人の理事と私でK子さんのNPOを訪れました。

けれどK子さんのコメントは厳しいものでした。

「皆さんの事業計画書や予算書に、リアリティがないと思います。NPOにとって財源がどれほど大切かわかっていらっしゃいませんね。」

K子さんの指摘は次のとおりでした。まず、NPOは単なる有志の集まりではなく、継続してサービスの提供を行うことを前提とした「組織」であることを認識しておかなければなりません。会社と同じように、どのように資金繰りを行うのか、どのような活動をいつ行っていくのか、しっかり計画を立てておかなければなりません。

K子さんからみて、私たちがつくった事業計画は非常に場当たり的なものだと言われてしまいました。漠然と会費と書かれていたり、事業目的と合致していない補助金の申請が書いてあったり…

「失礼ながら、とてもこれでは設置許可ができるとは思えません。」

128

NPOであっても、財源が重要な点は民間企業と変わりません。組織運営には資金が必要不可欠ですし、不足の事態が起きないよう運転資金が不足することがないように、役員や財務担当者は気を遣わなければならないのです。また、社会的期待によりさまざまな優遇措置が認められているNPOには、高い公共性、その裏返しとして、透明性のある経営・財務が求められています。

「厳しいことを言ってごめんなさいね、でも私も設立の時には苦労したし、許可が下りなくて頓挫してしまうNPOも多いのが事実なのよ。皆さんは役員として周囲の期待を背負っていらっしゃるのだから、頑張っていただきたいのよ。」

K子さんの激励に感謝して、再度、事業計画書と収支計算書を一から練り直し、設立の決定から1カ月後に市役所へ提出しました。

V NPOの活動と簿記

申請には思った以上に時間がかかりましたが、何とかNPO法人として活動できることになりました。NPO法人としての活動当初はいろいろな苦労がありましたが、私たちの活動を知った市民の人たちのなかから、資金を拠出したいと申し出てくれる人が出てきてくれました。そして市からは事業趣旨にあった補助金の申請をアドバイスしてもらって、無事採択が決まりました。

K子さんには、活動開始にあたって企業同様、ちゃんと帳簿をつけるようアドバイスをいただきました。ボランティアサークルとして活動していた時期の記録、領収書をもらわないで物品を購入していたことや、立て替えた額と会計担当者が記録している額とが違うケースがいくつかあることがわかりました。社会の公器となるべくNPOとして法人格を取得した以上、このようなことがあってはなりません。

NPOであろうと会社の会計の基本は同じです。取引が発生するたびにもれなく帳簿に記録、そして領収書など、あとで確認できる証憑書類をしっかり保管しておくことが必須です。組織をつくるということは、それらがしっかり行われていることが大前提となります。

またK子さんは、計画的な意思決定ができるように、毎月、決算書に当たる計算書類を作成することが理想的だとアドバイスしてくれました。NPOの計算書類は、貸借対照表、活動計算書、注記から構成されるそうです。K子さんに実際の計算書類を見せてもらうと、貸借対照表は会社のものとほぼ同じで、活動計算書というのは企業における損益計算書に該当するようです。

また、計算書類とは別に財産目録の作成も義務づけられていて、これは貸借対照表の項目の明細書になっていました。これらの計算書類と財産目録は、設立時および会計報告時に監督者である自治体に提出が義務づけられています。

そこで、設立時の10月1日から10月31日までの計算書類を作成してみることにしました。

現在、NPOには統一された会計基準が存在していません。そのため公益法人会計基準などに準拠して作成されるなど、既存の他の非営利組織体の会計基準に準拠して作成されるケースが多いのだそうです。しかし、NPO法人は小規模なケースが多いため、計算書類を作成するのに時間がかかり、また計算書類の理解可能性を損なうケースがでて問題となりました。そこで全国各地のNPO支援センターからなるNPO法人会計基準協議会を主体に、会計専門家、学識経験者、助成財団、金融機関など民間の力を結集して策定されたのがNPO法人会計基準です。

NPO法人会計基準の特徴として、複式簿記によって計算書類を作成する点が挙げられます。そのため、簿記に触れたことのある人間には違和感がそれほどない形でNPO会計に従事できるようになっています。また説明責任の観点から、計算書類をよりわかりやすい形で表示するように工夫がなされています。このようなことから、私たちが作成する計算書類もNPO法人会計基準に基づいたものにしました。

活動計算書は、大きく経常収益と経常費用とに分類されます。これらは、団体の日常的な事業や活動によって発生した収益や費用のことをいいます。そして費用は、その内容によって事業費と管理費に区分されます。事業費とは、NPOの活動目的である事業、私たちの場合は清掃活動を行うために必要な費用のことです。管理費とは、事業に直接関係はしませんがNPOの運営に必要な費用のことです。

図表3-3　10月の取引

10月期仕訳帳　　　　　　　　　　　　　　　　　　　　　　　　　単位（円）

日付	内容	借方		貸方	
10月2日	会員から会費入金	普通預金	500,000	受取会費	500,000
10月7日	市よりNPO活動助成金を受け取る。	普通預金	500,000	受取助成金	500,000
10月9日	理事から寄附	普通預金	100,000	受取寄付金	100,000
10月10日	文房具を購入（代金は11月末に支払う）	消耗品費	10,000	未払金	10,000
10月11日	理事からの借入（借入期間2年間）	普通預金	200,000	長期借入金	200,000
10月25日	アルバイトに対する給料の支払（※）	給与手当	50,000	普通預金	50,000
10月25日	トラックのレンタル代金の支払	賃借料	20,000	普通預金	20,000
10月25日	清掃活動に使用したトラックの燃料費	車両費	30,000	普通預金	30,000
10月31日	事務所家賃を支払う	支払家賃	50,000	普通預金	50,000
10月31日	水道光熱費10月支払分が口座より引き落とされる。	水道光熱費	20,000	普通預金	20,000
		借方合計	1,480,000	貸方合計	1,480,000

※アルバイトを1名雇用，10月は10日勤務してもらった。日常的な事務サポートに加え，10月25日は市中心地の清掃作業にも従事してもらっている。

たとえば，10月はアルバイトスタッフに10日間勤務してもらいましたが，そのうち1日（10月25日）は，清掃活動に参加してくれたボランティアスタッフの指導を担当してもらいました。そのため人件費の総額のうち，1日分（5,000円）を事業費に，残り（45,000円）を管理費に計上しています。このような処理を「区分経理」といいます。

NPOの活動を続けていくと，活動費捻出のため清掃活動とは直接関係しない収益事業を行うケースが生じてくるかもしれません。また，活動が順調に進んでいくと，専任のスタッフを雇用するこ

132

平成 X1 年度 10 月次活動計算書

平成 X1 年 10 月 1 日から平成 X1 年 10 月 31 日まで

科　目	金　額	備　考
Ⅰ．経常収益		
1　受取会費	500,000	年会費＠5,000 円×100 人
2　受取寄付金	100,000	理事 O 野氏からの寄付
3　受取助成金	500,000	市からの助成金
経常収益計	1,100,000	
Ⅱ　経常費用		
1　事業費用		
1）給与手当	5,000	アルバイト給与（清掃作業時分）
2）その他経費		
消耗品費	10,000	文房具代
賃借料	20,000	トラックレンタル代
車両費	30,000	トラック燃料費
2　管理費用		
1）給与手当	45,000	アルバイト給与（事務作業分）
2）支払家賃	50,000	事務所家賃
3）水道光熱費	20,000	電気料金，水道料金
経常費用計	180,000	
当期正味財産増減額	920,000	
前期繰越正味財産	0	
次期繰越正味財産額	920,000	

貸借対照表

平成 X1 年 10 月 31 日

科目・摘要	金	額	
Ⅰ　資産の部			
1．流動資産			
現金預金	1,130,000		
流動資産合計		1,130,000	
2．固定資産			
固定資産合計		0	
資産合計			1,130,000
Ⅱ　負債の部			
1．流動負債			
未払金	10,000		
流動負債合計		10,000	
2．固定負債			
長期借入金	200,000		
固定負債合計		200,000	
負債合計			210,000
Ⅲ　正味財産の部			
1．前期繰越正味財産		0	
2．当期正味財産		920,000	
正味財産合計			920,000
負債及び正味財産合計			1,130,000

とも考えなければなりません。複数の事業にかかわるようになった際、かかった費用がどの事業に関するものか特定することは困難です。そのような場合は、従事割合などを用いて「配賦計算」する必要があるとK子さんから教わりました。

収益については、納税の観点から非収益事業と収益事業との区別は明確にしておかないとあとで大変なことになるとのアドバイスもいただきました。一見、企業の損益計算書とくらべて簡単にみえる活動計算書ですが、油断は禁物です。

貸借対照表は、企業のものとそれほど差はありません。ただ一点、利益のかわりに「正味財産」という用語がでてきます。正味財産とは、最終的にNPOが「債務超過」になっていないかを判断するために計算されるもので、NPOの純粋な財産を意味します。企業における資本（純資産）と同じで、マイナスになっているとNPOの財政状態が悪いと判断されてしまいます。

K子さんからは、財務的な健全性に気をつけるために、正味財産・収益比率（正味財産÷経常収益）など健全性に関する財務指標は定期的にチェックするようアドバイスをうけました。正味財産・収益比率は、収入がなくなったときにどの程度、組織としてもちこたえることができるのか、将来に対するリスクを表す指標で、30％程度あることが望ましいそうです。

VI　NPOの社会的価値

あれから半年、私たちのNPO法人にはいろいろな苦労がついて回りましたが、それらを

乗り越えて最近ようやく形になってきました。感慨にふけりながら、監事の仕事としてチェックのために作成された計算書類を眺めていると、設立のときに何かとアドバイスしてくれたK子さんや市役所の担当者、会費を納めてくれている地域の方たちの顔が浮かんできます。

支援してくださっている人たちのためにも、設立時の理念を忘れず社会の一員として責任感をもって活動することはもちろん、自分たちが社会にどのように貢献しているのかについて、ただ情報を漫然と発信していくのではなく、財務、非財務両面で工夫をしながら積極的に発信していかなければならないことをあらためて認識しました。ことの重要性を、K子さんは熱心に説明してくれたのでした。

そのように考えると、私たちの計算書類にまだ足りないものがあるのではないかと気になってきました。漏れのない帳簿への記入とその帳簿に基づいた正確な計算書類の作成に注力しましたが、これからはもっと、皆さんにわかりやすい計算書類の作成に取り組んでいく必要があるのではないかと気づいたのです。

まずは、事業報告や注記でボランティアの活動内容を記述するなど、できるところから改善していけないかと思いました。こうした私たちの活動を適切に社会へ発信できるような工夫がほかにできないかを考えて提案することによって、みんなの役に立っていきたいと思うのと同時に、新たなチャレンジに心が躍るのでした。

第3部　簿記の知識を応用する

第1章　投資で社会を元気にする

I　投資に興味をもつ

都内の私立大学を卒業した私は、30年間、営業にかかわる仕事をしてきました。もう52歳になります。昇進もしましたが、変わらず現場にでるのが好きです。妻も変わらず家族を支え続けてくれて無事に大学も卒業して、いまは元気に働いています。子ども2人も成人し、います。子どもが親元を離れ、ようやく自分の時間ももてるようになり、定年に備えるつもりもあり、前々から関心のあった投資にチャレンジしてみようと考えました。

私の兄は金融機関に長く勤めており、住宅ローンの相談にのってもらうなど、これまで金銭面の関係でアドバイスをもらう機会が多かったので、この前の法事の帰りに少し相談して

みました。
しかし意外なことに、兄は最初、あまりいい顔をしませんでした。
「確かに今は、投資をしている人間は多い。だからおまえが投資に興味をもつのは悪いことではないが、ある程度学んでから投資を始めたほうがいいだろう。定年前後に投資で失敗する人を何人もみてきたし、未公開株のトラブルも多いんだよ。まずは投資にはリスクがあることをしっかり頭に入れるべきだろう。」
続けて、兄は次のような話をしました。
「ただ、自分が応援したい企業にお金を投資することはわるいことではないよ。リスクを背負いながらも、きっと新しい製品を生み出そうと果敢にチャレンジする企業も存在するだろうし、また環境に配慮した企業も多くあるだろう。応援している多くの企業が利益をだせば、当然事業を応援できる立場にいるということだ。ただ、もちろんわれわれだってリスクはできるだけ背負いたくないから、投資するなら一点集中よりは、分散して投資したほうがいいだろうなあ。」
さらに続けて、兄は次のことを話しました。
「いろいろな勉強方法があるし、書店をのぞけば、株投資入門の本もたくさん売っている。びっくりするくらい多くの本が出版されているよ。ただ個人的には、会社の財務諸表を学ぶことからすすめる。財務諸表は会社の通信簿だからな。投資にも役立つだろうが、おそらく

138

お前の仕事にも役立つだろう。それに財務状況をみて顧客を攻略していくのも1つのやり方だ。ただ、そのためには簿記の知識があったほうがいいのも事実だよ。」

年が離れており、幼少のころから私をかわいがってくれる兄でしたが、珍しく神妙な顔をしたことも気にかかりました。これまで営業一本で経理の経験のなかった私ですが、そんな兄の顔をみて、これを機会に財務諸表の勉強も始めることにしました。

Ⅱ 自分にあった投資を行う──投資にはリスクがある──

兄とも相談して、投資を行う前に次のことを決めました。兄がインターネットを使って、金融庁で紹介している「基礎から学べる金融ガイド」を教えてくれました。これから社会人になる方へ向けた内容のようでしたが、まったく初心者であった私には大変参考になりました。

目次は「預ける」、「殖やす」、「備える」、「借りる」の4項目に分かれており、私は特に「殖やす」の項目を読みました。普段、日常で何気なく使っている金融にかかわる言葉もわかりやすく説明されています。そのガイドの10ページには、「投資を始めるための準備とは？」として主として次の3つが書かれていました（金融庁HPより抜粋）。

（1）株式投資を始める前に
① 投資する資金は、生活資金とは別の余裕資金で行う。
② 投資に慣れないうちは、なくなっても生活に困らない資金で行う。
③ 損をしても得をしても投資責任はすべて自分にあることを念頭におく。

（2）口座を開設する
株式を取引するには、証券会社などに口座を開く必要があります。株式を通じて取引できる証券会社が多く、インターネット環境さえあれば、誰でも気軽に口座を開設できます。

（3）株式投資を行う前にどこの株式を買うのかしっかり調べる
証券取引所で扱われ、一般的に取引されている株式は4,000社。多くの銘柄があるので、投資する前にしっかり調べることが大切です。また、少額取引可能な「株式ミニ投資」、月々1万円から千円単位で購入し、積み立てられる「株式累積投資」もあるので、自分に合った投資方法を選びましょう。

投資で失敗してしまい生活の基盤が崩れてしまっては本末転倒のため、生活資金に手をつ

140

けることは確かに言語道断です。

余裕資金のなかでも限度額をきちんと決めてから始めてみることにしました。限度額を変更するときは、妻と必ず相談する約束もしました。

「投資を勉強することは、きっと経済や経営の難しいことも勉強することになると思うし、お義兄さんがおっしゃるように仕事に役立つと思うの…。でも、もし約束を破ったら離婚も覚悟してください。」

いつもはやさしい妻が、思いのほか真剣な顔をしていたため内心驚きましたが、顔には出さず「離婚は勘弁してくれ。約束は守る。」と笑って答えました。

Ⅲ　投資に向けて

投資を行うには、まずは会社の経営状態を知る必要があるだろうし、兄がいうように会社が公表している財務諸表を理解することが第一歩であると考えました。

新聞やテレビ、インターネット上においても「会計」という言葉をみかけない日はないですし、突然、取引先が倒産することもまれではなくなっています。このような経済的環境の変化、いわゆる「不況」を皮膚感覚では感じていたものの、結局のところ日々の生活に追われ、「やろう！」と決意はしたものの、財務諸表から企業の経営状況を把握するような勉強時間はなかなか取れませんでした。

しかし、自分の勤めている会社、自分が関心をもっている会社、また重要な取引先くらいは、せめて知っておく必要がありそうです。

そもそも財務諸表とはどのようなものなのでしょうか。調べてみたところ、次の2つのことがわかりました。株式会社が公表する財務諸表には「会社法」、「金融商品取引法」という2つの法律によって、作成と公表が義務づけられているようです。

それぞれの法律に基づいた財務諸表があるため、初心者がみるにはどれが適しているのか兄に相談したところ、まずは会社法に基づいた決算公告の財務諸表をすすめられました。コンパクトにできている財務諸表で、あまり細かくなく、わかりやすそうです。電子公告化もされているため、インターネット上で確認できるようです。

これまでほとんど気に留めたことはありませんでしたが、これからは自分の会社と取引先の会社、また関心のある会社はチェックしていくことにしようと思いました。

また、新聞紙上でよくみる、EPSやPERといった株にかかわる言葉の意味もわからなかったので、財務諸表の内容を確認しながら一緒に学んでいこうと思いました。

Ⅳ 財務諸表を理解する──財務諸表分析──

会社の通信簿である財務諸表には、主として貸借対照表や損益計算書があることを兄から教えてもらいました。これらの財務諸表に示されている数値を使って、会社の「収益性」や

142

貸借対照表

Z社　　　　　　　　　平成×1年12月31日　　　　　　（単位：千円）

資　産	金　額	負債及び純資産	金　額
流動資産		流動負債	400,000
当座資産	500,000	固定負債	140,000
棚卸資産	80,000	株主資本	
その他の流動資産	160,000	資本金	120,000
固定資産		資本剰余金	200,000
有形固定資産	400,000	利益剰余金	600,000
無形固定資産	300,000		
投資その他の資産	100,000	評価・換算差額	80,000
資産合計	1,540,000	負債・純資産合計	1,540,000

株主資本＋評価・換算差額 ＝ 自己資本
自己資本＋固定負債＋流動負債 ＝ 総資本

「安全性」などを判断することができるようです。一定の方法で分析するため、財務諸表分析とよばれているようです。

1　会社の安全性を分析してみる

早速、取引先のZ社の貸借対照表を確認してみることにしました。

(1) 企業の全体としての安全性を評価する自己資本比率

自己資本比率は、総資本に対して自己資本がどのくらいあるかを示す比率です。

$$自己資本比率（\%）= \frac{自己資本}{総資本} \times 100$$

$$65\% = \frac{1,000,000}{1,540,000} \times 100$$

通常、自己資本比率は、50％以上がのぞましいとされ

143　第1章　投資で社会を元気にする

ていますが、Z社は65％です。なお健全といわれるラインは30％以上です。Z社は自己資本比率が高い会社であるため、安全性も高いと考えられます。これは投資をしていくうえでも大きく1つの指標となるような気がしました。

なお、分母の総資本には、期首と期末の平均額を使用しますが、期末の金額を使用することもあるようです。ここでは本節3を除き、期末の金額を使用することにしました。

(2) 短期の支払能力を評価する流動比率

流動比率は、流動負債に対して、流動資産がどの程度あるかを示す比率です。

$$流動比率（\%） = \frac{流動資産}{流動負債} \times 100$$

$$185\% = \frac{740,000}{400,000} \times 100$$

通常、流動比率は、目安として200％以上がのぞましいといわれています。健全といわれるラインは150％といわれるため、Z社は185％ですから、短期の支払能力もそう悪くないことがわかりました。

(3) 即時の支払能力を評価する当座比率

当座比率は、流動負債に対して当座資産がどの程度あるかを示す比率です。

$$当座比率（\%） = \frac{当座資産}{流動負債} \times 100$$

$$125\% = \frac{500,000}{400,000} \times 100$$

通常、当座比率は、100％以上がのぞましいとされています。健全といわれるラインは90％以上です。Z社は125％ですから、即時の支払能力も高いことがわかりました。

他の安全性分析の計算式を調べてみますと、固定比率や固定長期適合率など、まだまだ多くの方法がありましたが、取り急ぎ、上の3つを計算してみました。もう少し時間ができたら、他の方法も学んでみるつもりです。ともあれ、Z社の安全性が思った以上に良かったので、一安心しました。

損益計算書

Z社　　平成×1年1月1日から平成×1年12月31日まで　　　（単位：千円）

売上高	800,000
売上原価	580,000
売上総利益	220,000
販売費および一般管理費	100,000
営業利益	120,000
営業外収益	30,000
営業外費用	2,500
経常利益	147,500
特別利益	3,000
特別損失	2,500
税引前当期純利益	148,000
法人税等　　　　　　　4,000	
	4,000
当期純利益	144,000

2　会社の収益性を分析してみる

(1) 経常的な利益獲得力を評価する総資本経常利益率（Return on Assets：ROA）

総資本経常利益率は、経常的な利益獲得力を示すので、会社の収益性を判定するときの基本指標です。

$$総資本経常利益率（\%）= \frac{経常利益}{総資本} \times 100$$

$$10\% = \frac{147,500}{1,540,000} \times 100$$

総資本経常利益率の全業種平均はおおよそ3.0％程度（変動あり）で、Z社の収益性はわるくないでしょう。なお総資本経常利益率は、次の(2)・(3)の売上高経常利益率と総資本回転率に分解することができるようです。

(2) 企業の正常収益力を評価する売上高経常利益率

売上高経常利益率は、売上高に対してどの程度、経常利益をあげているかを示す比率です。

$$売上高経常利益率（\%） = \frac{経常利益}{売上高} \times 100$$

$$18\% = \frac{147,500}{800,000} \times 100$$

売上高経常利益率の全業種平均はおおよそ3・0％程度（変動あり）のため、Z社の収益性はわるくないでしょう。なお売上高経常利益率は、さらに売上高営業利益率と純営業外収益率に分解されます。また売上高営業利益率は、売上高総利益率、販管費率に分解されます。このように、どんどん分解していくことができ、収益性を上げるために、会社のどこに原因や問題があるのか調べることが可能です。また時間があるときに、調べていきたいと思います。

(3) **資本が効率的に活用されているか評価する総資本回転率**

総資本回転率は、総資本に対する売上高の割合です。

総資本回転率の全業種平均はおおよそ0・8回（変動あり）のため、あまり良い数値ともいえません。Ｚ社は資本の割に、売上高が少ないということになります。原因としては、売上高があまり良くなかったか、あるいは、資本の使い方に問題がある、ということが挙げられるようです。なお、資本の使い方に問題がある場合は、主として3つの補助的な指標、すなわち、売上債権回転率、棚卸資産回転率、固定資産回転率で調べることができるようです。また、時間があるときに勉強したいと思っています。

$$総資本回転率（回）= \frac{売上高}{総資本} \times 100$$

$$0.5 回 = \frac{800,000}{1,540,000} \times 100$$

なお、総資本経常利益率（Return on Assets：ROA）のほかに、自己資本利益率（Return on Equity：ROE）「当期純利益÷自己資本×100」という、もう1つの資本利益率の計算方法があります。ROEとは、株主のおかねを使って、配当のもとになる利益の稼ぎを示すものです。

Ｚ社は、安全性や収益性ともにわるくはないようです。もしかしたら資本の使い方に問題があるかもしれませんが、少なくとも、今すぐに倒産するような会社ではないことが理解で

きます。それに今後、投資したい企業を考えるときにも、このような分析手法は参考になりそうです。今回は、安全性と収益性の観点から、いくつかの指標を取り上げ勉強しましたが、兄からもらった財務諸表分析の本をみると、成長性分析や効率性・生産性分析などまだまだ多くの分析が示されていました。これからもっと学んでいこうと思います。

3　1株当たり利益の算定方法など

「Ⅲ　投資に向けて」でも少しふれましたが、兄から投資をするならば、これまでより少し難しくなるが、1株当たり利益の算定（Earnings Per Share：EPS）などの企業業績の検討手法も、今後少しずつ時間をかけて学んだほうがいいというアドバイスをもらいました。日常ではあまりきかない単語ですが、調べてみることにしました。

少し専門的になりますが、日本の企業会計基準委員会（Accounting Standards Board of Japan：ASBJ）は、2002年9月（最終改正2013年9月）に、企業会計基準第2号「1株当たり当期純利益に関する会計基準」を公表していることがわかりました。この基準に関する内容は、あの税理士試験などでも、計算問題は過去に出題されているようです（第53回（2003年度）など）。この本試験において計算問題として出題されている内容は、1株当たりの当期純利益の計算過程を問う内容のようでした。なるほど、国家資格である税理士試験にもでるような問題ですから、ポピュラーな業績指標の1つだということがわかり

> 1株当たり当期純利益
> ＝普通株式にかかる当期純利益÷普通株式の期中平均株式数
> ＝（損益計算書上の当期純利益－普通株主に帰属しない金額）
> ÷（普通株式の期中平均発行済株式数－普通株式の期中平均自己株式数）

ます。

仮に、普通株式の期中平均発行済株式数は4,000株（うち普通株式の期中平均自己株式数100株）で当期中の増減はなく、また普通株主に帰属しない金額は発生していないとした場合に、146頁の損益計算書からEPSを計算してみたいと思います。

兄に聞いたところ、1株当たり当期純利益の算定方式は以下のとおりでした（企業会計基準第2号第12項参照とのことです）。なお、1株当たりの当期純利益金額算定上、普通株式の期中平均自己株式数100株は控除することに留意しなければなりません。

上記の式に当てはめてみます。
144,000千円（当期純利益）÷3,900株（株数）
＝36,923千円（1株当たりの当期純利益額）

以上のように、1株当たりの当期純利益は36,923千円となります。

さらに詳しく調べていくと、潜在株式調整後1株当たり当期純利益な

どの算定方法もあり、また、株価をEPSで割った株価収益率とよばれるPER（Price Earnings Ratio）など、まだまだ多くの業績指標があります。PERは新聞紙上などでもよくみますが、株価が1株当たり利益の何倍まで買われているかを示すものです。たとえば、株価が800円で、1株当たり利益が80円であったとします。その場合のPERは、10倍です。今後さらに勉強していきたいと思います。

Ⅴ 簿記の重要な役割

大学時代、商学部出身の友人が簿記の勉強に熱心でしたが、私は横からみているだけで、特に関心はもちませんでした。社会人になってからは、ずっと営業畑で働いてきましたし、自分とはあまり関係のないものだと思い込んでいました。

しかし兄から、より深く企業の通信簿である財務諸表を学ぶためには、簿記の勉強が必須であると教えられました。なぜかというと、簿記を知るということは、企業の経営成績や財政状態を示す企業の通信簿である財務諸表、すなわち、貸借対照表や損益計算書を作成する方法を「知る」ということであったのです。簡単にまとめれば、「仕訳帳 → 総勘定元帳 → 試算表 → 決算整理 → 財務諸表」という順序になります。

そうであれば、どのような職種についても、勤務先の経営状況を会計や簿記の視点から知っておくことは大事なことです。

会社にどれくらい財産があるのか、どれくらいもうかっているのかについては、企業が公表する貸借対照表、損益計算書に記載されていることはすでに学んできました。なお、どれくらい自由に使えるキャッシュがあるのか検討できるキャッシュ・フロー計算書も財務諸表のうちの1つです。

貸借対照表や損益計算書を理解するには、簿記の知識が不可欠ということがわかりました。「結果」としての財務諸表を分析することも大切ですが、その「過程」を知ることも大変重要なことであることがわかりました。

Ⅵ 投資を始めてよかったこと

投資を始めてよかったことの1つに、財務諸表分析を学んだことで、顧客の財務状態を正確に把握できるようになったことが挙げられます。顧客の財務状況にあった商品を、これまで以上に的確に判断できるようになりました。

これまでの顧客先との付き合いや経験から、顧客の財務状況は、おおよそ判断はできていたし、迷うこともあまりなかったのですが、数値が裏づけとなり、交渉での最後の一押しに迷いがなくなりました。それが自信にもつながりました。

もう1つは、応援したい会社や、社会に貢献している企業を積極的に調べるようになったことです。収益性や安全性の高い会社も、もちろん視野には入れています。

152

私の投資金額など微々たるものですが、収益を生みそうな企業を自分なりに調べる機会が増えたこと、また社会的意義のある会社だと判断したときに自分も株主としてかかわれることや、顧客先の財務状況を正確に把握できるようになったことは、大きな収穫だったと考えています。

第2章 小金をもって年金で暮らす

I 定年後の生活破綻の懸念

　私は、現在64歳。まもなく65歳を迎えます。私の会社は、「60歳定年延長と高齢者雇用安定法」の改正（平成16年6月成立）で、60歳定年後65歳までの継続雇用制度を導入し、その恩恵を受け、私も65歳まで働くことができました。定年退職前の給料の半分近くまで減少しましたが、高年齢者雇用継続給付金制度のおかげで、給与の減少分の一部補てんもできました。

　ここまで働いてきましたが、65歳を契機に仕事をリタイアすることにしました。しかし、友人から、少し怖い話ですが、定年後の生活破綻というのはままあるんだと聞きました。私としては実感がなく意外だと思っていたのですが、サラリーマン時代に部長クラスの人が、定年後、年金生活に入ると、収入が現役時代よりも激減するか、かなり減るのは当然です。減額した部分に合わせ生活レベルを落として暮らせばいいと思うのですが、意外と難しいのだと聞きました。

154

生活破綻に陥るパターンの人は、中級レベルの人が一番多いそうなのです。また一般管理職のサラリーマンでも、住宅ローンを抱えたままの定年は家計破綻の危険が大きいようです。

1 70歳代での家計破綻

リタイア後の準備も夢をもって進めてきたつもりでしたが、友人の「しっかりしたお金の知識をもってセカンドライフを設計しないと、70歳から75歳で貯蓄が底を突き、家計が破綻しかねないぞ。」の一言で吹き飛び、少し不安になっています。

中高年の生活設計にアドバイスをしている友人によると、モデルケースの老後の家計収支の予測からはじき出した「家計破綻」の根拠を説明してくれました。

そのモデルケース（夫婦が同じ年の場合）とは、次のようなものです。

収入面では、60歳時点の貯蓄額が退職金と合わせて2,500万あまり、61～64歳の間は継続雇用制度により働くことができ年収300万円（手取額）を確保、その後も65歳からは夫婦2人で360万円の年金が見込めます。

支出面では、60歳時点の家計簿をもとに、老後の基本生活費を月34万円と算出。これと別に、月6万円の住宅ローン返済が67歳まで続くとします。旅行資金は1回80万円を2年に一度組み込み、車の買い替えが7年ごとに150万円や、自宅のリフォームも5年後、100万円と想定した場合、これをもとに年単位の収支を計算します。

155　第2章　小金をもって年金で暮らす

図表2-1 各年の収支計算

年齢	60歳	61歳	62歳	63歳	64歳	65歳	66歳	67歳	68歳	69歳	70歳	71歳	72歳	73歳	74歳	75歳	76歳	77歳	78歳	79歳	80歳
収入																					
貯蓄額	2,500																				
給与収入	500	300	300	300	300																
退職金																					
年金				260	260	360	360	360	360	360	360	360	360	360	360	360	360	360	360	360	360
収入合計	3,000	300	300	560	560	360	360	360	360	360	360	360	360	360	360	360	360	360	360	360	360
支出																					
生活費	408	408	408	408	408	408	408	408	408	408	408	408	408	408	408	408	408	408	408	408	408
住宅ローン	72	72	72	72	72	72	72	72													
旅行	80		80		80		80		80		80		80		80		80		80		80
車の買替え		150							150							150					
リフォーム						100					100										
子供の結婚資金					150			150													
支出合計	560	630	560	480	710	580	560	630	638	408	588	408	488	408	488	558	488	408	488	408	488
年収支差額	2,440	-330	-260	80	-150	-220	-200	-270	-278	-48	-228	-48	-128	-48	-128	-198	-128	-48	-128	-48	-128
貯蓄残高	2,440	2,110	1,850	1,930	1,780	1,560	1,360	1,090	812	764	536	488	360	312	184	-14	-142	-190	-318	-366	-494

156

たとえば、66歳の年は年収360万に対し、支出は560万円で200万円の赤字です。こうした赤字が61歳以降毎年続き、貯蓄が年々減少します。75歳でマイナスに達したあとは、実物資産を売却するなどして生活をしなければならなくなるというのです。

さらには、これから先、少子高齢化社会は目にみえており、高齢化社会による多額の年金支出、医療費の増額等、政府は財源不足を補うため、消費税の増税を平成26年4月に8％に、平成29年4月には10％と段階的に増税導入する方向に向かっています。政府は、5％のアップだけでは増え続ける社会保障費を補うことはできず20兆円不足すると予測していて、将来さらなる消費税の増税は避けられません。長期的には、物価の上昇も生活設計に盛り込んでおかなければなりません。

このような話もあり、私自身のセカンドライフの試算を友人とともにすることにしました。まず、そのためには、今後の生活費の試算とサラリーマンを退職した後、現在と何が変わるのか、そして、年金はいくらもらえるのかを一般的な例をもとに検証することにしました。

一般的なセカンドライフを送るためには、定年後いくらあればゆとりある生活が送れるのかを友人に聞きました。そこで、1人当たりに必要な額（年金収入を含む）を聞いたアンケートがあり、「16万～20万円」、「21万～30万円」と答える人が66％強を占めており、夫婦なら40万円ぐらい必要だと教えられました。ただ、一般的には、夫婦2人で老後生活を送る

第2章 小金をもって年金で暮らす

図表２−２　老後の最低日常生活費

老後の最低日常生活費は平均22.3万円

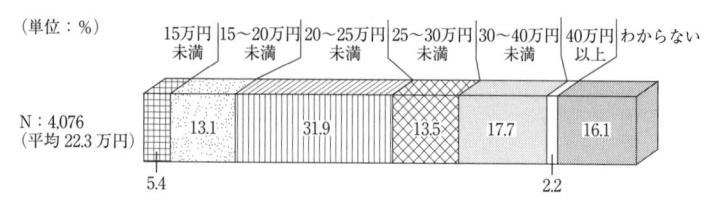

（単位：％）

N：4,076
（平均22.3万円）

15万円未満	15〜20万円未満	20〜25万円未満	25〜30万円未満	30〜40万円未満	40万円以上	わからない
5.4	13.1	31.9	13.5	17.7	2.2	16.1

図表２−３　ゆとりある老後生活費

ゆとりある老後生活費は平均36.6万円

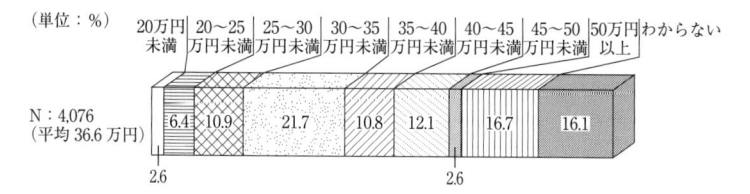

（単位：％）

N：4,076
（平均36.6万円）

20万円未満	20〜25万円未満	25〜30万円未満	30〜35万円未満	35〜40万円未満	40〜45万円未満	45〜50万円未満	50万円以上	わからない
2.6	6.4	10.9	21.7	10.8	12.1	2.6	16.7	16.1

図表２−４　老後のゆとりのための上乗せ額の使途

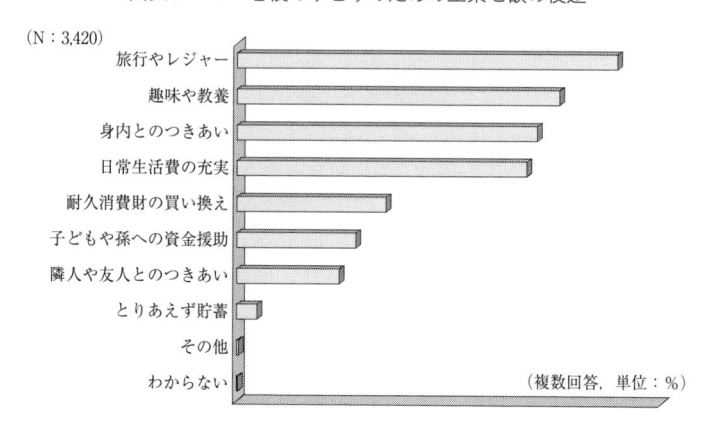

（N：3,420）

- 旅行やレジャー
- 趣味や教養
- 身内とのつきあい
- 日常生活費の充実
- 耐久消費財の買い換え
- 子どもや孫への資金援助
- 隣人や友人とのつきあい
- とりあえず貯蓄
- その他
- わからない

（複数回答，単位：％）

うえで必要と考える最低日常生活費は平均22・3万円であるとの調査結果もあります。これはほぼ一般的な夫婦の公的年金額に相当します。

また、ゆとりある老後生活を送るための費用として、最低日常生活費以外に必要と考える金額は平均14・3万円となっており、その結果、最低日常生活費と旅行やレジャー・趣味や教養・身内との付き合いなどのゆとりのための上乗せ額を合計した「ゆとりある老後生活費」は、平均で36・6万円だといわれていると説明されました。

そのゆとりある老後の生活費36・6万円と最低日常生活費22・3万円との差額は、14・3万円となります。ゆとりある老後生活を送るためのこの差額分をどう捻出するか、公的年金以外に企業年金・個人年金や投資等での収入があてにできない人は、それまでの預貯金を取り崩していくしかないのではないか。しかし、かりに夫婦85歳まで生きたとすると、不足分は14・3万円×12カ月×20年＝3,432万円で、ゆとりある老後生活を送るためには最低このぐらいの預貯金は定年以降蓄えておかなければいけない計算になるが、貯蓄はあるのかと脅かされました。

2 自己財産の棚卸しと生涯収入見込み額の把握

(1) 家計のバランスシート

友人からセカンドライフの最低日常生活費や年金平均支給額などの説明を受けて、私の

図表２−５　家計のバランスシート

※時価

資産の部	
項　目	金額（残高）
金融資産	
普通預金（夫）	3,000,000
普通預金（妻）	1,000,000
郵便貯金	700,000
株　式※	500,000
定期預金	12,000,000
定期貯金	2,000,000
公社債投信※	600,000
実物資産	
建　物※	7,000,000
土　地※	15,000,000
自動車※	800,000
資産合計	42,600,000

負債の部	
項　目	金額（残高）
金融資産ローン	
カードローン	680,000
その他借入金	400,000
実物資産ローン	
住宅ローン	3,880,000
自動車ローン	1,000,000
負債合計	5,960,000
純資産の部	
純　資　産	36,640,000
純資産・負債合計	42,600,000

ローン返済額を含めた生活費はどうなっているのだろうか、年金はいくらもらえるのだろうかと心配になりました。友人から、将来が不安になるのであれば、今現在の財産の棚卸しをしてバランスシートを作成することをすすめられました。そこで私は、わが家の資産の棚卸しをすることにしました。預貯金や不動産などの積極財産（金融資産と実物資産）から、住宅ローンやカードローンなどの消極財産を引いた正味財産（純資産）を把握し、家計の財政状態を判断するためにバランスシートを作成しました。

資産合計から負債合計を差し引いた純資産額３，６６４万円が、現在の私の財産ということになります。資金の

流動性を考えたときには、金融資産額1,980万円であるから、モデルケースの65歳時点の貯蓄残高1,560万円よりも貯蓄しているので、80歳ぐらいまではもつだろうと高を括っていました。すると友人が、金融・実物資産ローンの596万円の返済を行ったとして考えると、すぐに動かせるお金は差し引き1,384万円となると言います。

そして、実物資産はすぐには換金できないし、自動車も建物の価値もどんどん下がっていってしまうから、この資産で何年生活できるかは年金の額によると説明されました。それでは年金はいくらもらえるのか、確認をとり生活のシミュレーションをしなければならないなと思いました。

図表2－6　公的年金の平均年金月額

国民年金（老齢基礎年金）	5.8万円
厚生年金	16.7万円
共済年金（国家公務員）	22.1万円
共済年金（地方公務員）	22.8万円
共済年金（私立学校職員）	21.5万円

※厚生年金・共済年金には老齢基礎年金を含む（平成20年3月末現在／厚生労働省年金局「公的年金制度の現状」）。

（2）年金額の確認

友人から、公的年金の加入期間は25年以上が必要だが、ちゃんと掛けていたかと冷やかされ、「大丈夫、大学卒業後、就職してからは、給料からの天引きで保険料の納付を行ってきている。」と答えました。

会社員であった私の年金は、老齢基礎年金（国民年金）と厚生年金の2階建て（3階建て部分である企業年金の制度はなかった）です。

図表２－７　65歳からもらえる年金の見込み額

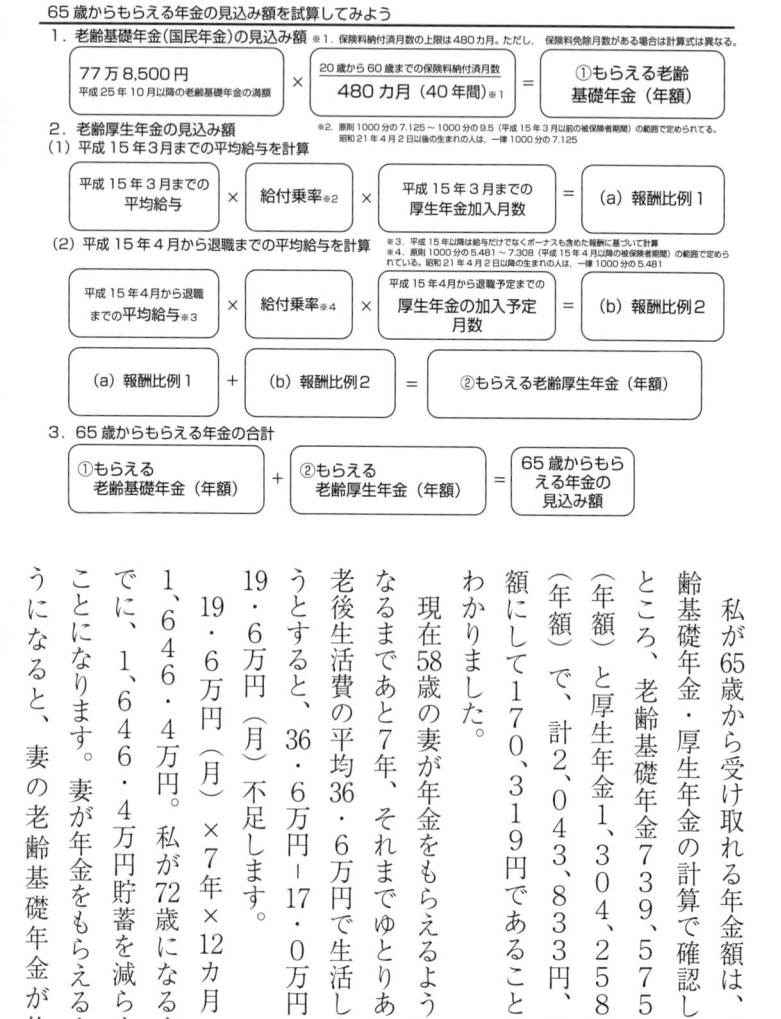

65歳からもらえる年金の見込み額を試算してみよう

1. 老齢基礎年金（国民年金）の見込み額　※1. 保険料納付済月数の上限は480カ月。ただし、保険料免除月数がある場合は計算式は異なる。

| 77万8,500円 平成25年10月以降の老齢基礎年金の満額 | × | 20歳から60歳までの保険料納付済月数 **480カ月（40年間）※1** | = | ①もらえる老齢基礎年金（年額） |

2. 老齢厚生年金の見込み額
※2. 原則1000分の7.125～1000分の9.5（平成15年3月以前の被保険者期間）の範囲で定められてる。昭和21年4月2日以後の生まれの人は、一律1000分の7.125

（1）平成15年3月までの平均給与を計算

| 平成15年3月までの平均給与 | × | 給付乗率※2 | × | 平成15年3月までの厚生年金加入月数 | = | （a）報酬比例1 |

（2）平成15年4月から退職までの平均給与を計算
※3. 平成15年以降は給与だけでなくボーナスも含めた報酬に基づいて計算
※4. 原則1000分の5.481～7.308（平成15年4月以降の被保険者期間）の範囲で定められている。昭和21年4月2日以降の生まれの人は、一律1000分の5.481

| 平成15年4月から退職までの平均給与※3 | × | 給付乗率※4 | × | 平成15年4月から退職予定までの厚生年金の加入予定月数 | = | （b）報酬比例2 |

| （a）報酬比例1 | + | （b）報酬比例2 | = | ②もらえる老齢厚生年金（年額） |

3. 65歳からもらえる年金の合計

| ①もらえる老齢基礎年金（年額） | + | ②もらえる老齢厚生年金（年額） | = | 65歳からもらえる年金の見込み額 |

私が65歳から受け取れる年金額は、老齢基礎年金・厚生年金の計算で確認したところ、老齢基礎年金739,575円（年額）と厚生年金1,304,258円（年額）で、計2,043,833円、月額にして170,319円であることがわかりました。

現在58歳の妻が年金をもらえるようになるまであと7年、それまでゆとりある老後生活費の平均36・6万円で生活しようとすると、36・6万円－17・0万円＝19・6万円（月）不足します。

19・6万円（月）×7年×12カ月＝1,646・4万円。私が72歳になるまでに、1,646・4万円貯蓄を減らすことになります。妻が年金をもらえるようになると、妻の老齢基礎年金が約

4・5万円（月）で、7年後からは月収入が21・5万円となりますが、生活水準をそのまま維持するのであれば、その時点からもなお貯蓄を減らしていくことになります。

このままでは、いずれ実物資産を処分しての生活となり、友人の言うように、75歳あたりで家計破綻を起こしてしまいます。そうならないためにも、リタイア後の生活設計を自分たちに見合ったものにしなければなりません。リタイア後の生活は今までと何が変わり、何に気をつけてリタイアライフを過ごしていかなければならないかを検証することにしました。

II リタイア後の生活

1 サラリーマンを退職したら何が変わる？

日本ではすべての国民が何らかの医療保険に加入する「国民皆保険制度」がとられています。医療保険の種類は職業によって違いますが、サラリーマンが加入するのは健康保険（被用者保険）です。会社を辞めた場合は、自営業者が加入する「国民健康保険」に加入しなければなりません。健康保険と国民健康保険の違いは大きく2つあり、健康保険は、保険料の半額を会社が負担していることと加入者の健康保険を家族（被扶養者）が利用できることです。

国民健康保険では、全額を自分で負担しなければならず、さらに被扶養者制度がないので、妻も新たに国民健康保険に加入しなければならなくなります。さらに、国民健康保険の

保険料は健康保険よりは割安ですが、保険料の金額は前年度の年収によって計算されるため、会社負担がなくなる分、負担額が増えてしまいます。

また、年金保険料についても、負担額が増えてしまいます。60歳に達するまで国民年金の第1号被保険者となり保険料を支払わなくてはならなくなるので、そのお金も確保しておかなければいけないとアドバイスされました。

リタイア後の翌年、負担となってくるものに、住民税があることもアドバイスされました。住民税は、前年度の所得に応じて課税されます。働いている間は給料から差し引かれ、あまり意識していませんでしたが、仕事を辞めた翌年から自分で支払わなくてはならなくなるので、住民税を支払うための資金も準備しておかなければならないと注意されました。

2 年金生活で行わなければならないこと

（1）年金の確定申告

年金受給者になった時に、年金は確定申告しなければならないと聞いていますが、私は確定申告が必要なのでしょうか？ そこで、年金に詳しい元会社の先輩に訊いてみることにしました。

年金は、所得税や住民税の課税対象になるため雑所得として申告し、年金の種類によって「公的年金等の雑所得」、「その他の雑所得」に分けて計算することがわかりました。また、

図表2-8 確定申告書

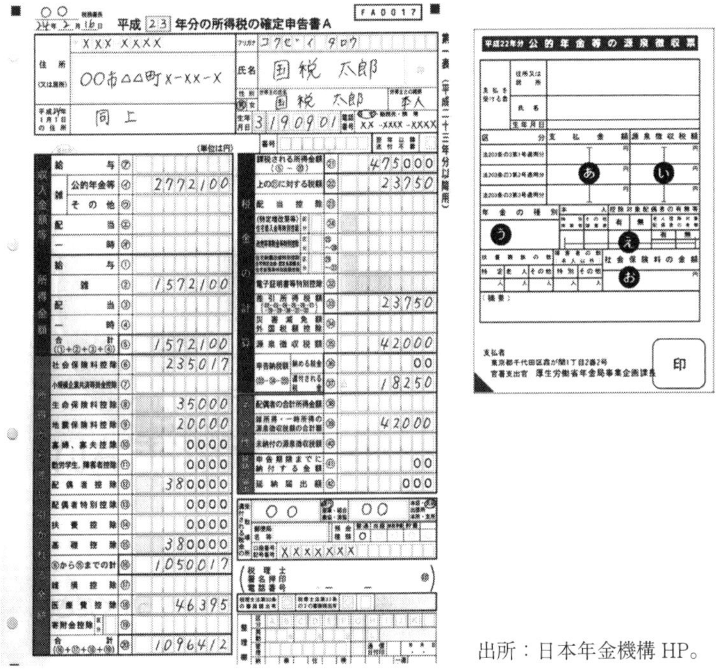

出所：日本年金機構HP。

「公的年金等の雑所得」は、国民年金・厚生年金・国民年金基金など社会保険制度に基づく年金、公務員の共済年金や職域加算など恩給、適格退職年金契約などが対象になることを聞きました。

生命保険契約等の契約に基づいて保険会社などから支給される個人年金は、その他の雑所得になります。私の年金にはどれだけの税金がかかるのだろうか。年金をもらっても税金をとられてしまうのでは、生活ができるのか不安になりました。

確定申告するのは、年金や

165　第2章　小金をもって年金で暮らす

配当所得、一時所得だけで、予定納税がなければ確定申告書Ａ（図表２－８）に公的年金源泉徴収票を添付して申告するという説明を受けました。

しかし、平成23年分以後の各年分について、公的年金等の収入金額の合計額が400万円以下で、かつ、公的年金等にかかる雑所得以外の所得金額が20万円以下である場合には、所得税の確定申告をする必要はないとの説明も受けました。

この場合であっても、所得税の還付を受けるためや、上場株式等の譲渡損失を翌年以後に繰り越しするためには、確定申告書を提出する必要があることがわかりました。

（２）ｅ－Taxでの申告

友人から、確定申告は２月16日から３月15日までの１カ月間、多くの人が申告をしに住所地の税務署に集まり混雑するので、まったく税務署に出向かなくとも申告が行えるｅ－Taxが便利であることを教わりました。ｅ－Taxであれば、自宅のパソコンで税務署が開いていない深夜や早朝、休日に申告することができ、納税時期は24時間利用可能になっています。

また、通常の申告では添付が義務づけられている源泉徴収票や医療費の領収書などの書類を省略できることや、ｅ－Tax利用に関する質問であればヘルプデスクで質問できることなどを教わりました。世のなかが便利になっていることを実感し、時代に取り残されないように勉強していかなければならないと思いました。

166

「e－Taxでの申告には多少の準備が必要で、区役所等の窓口で住民基本台帳カードを発行してもらい、電子証明書（公的個人認証サービス）を書き込んでもらう必要がある。さらに、ICカードリーダー・ライターという機器が必要だが、購入費用はe－Tax控除で賄えるし、還付される税金がある時もe－Taxで行ったときのほうが、返還も早くなる。一度行ってしまえば2年目以降は驚くほど簡単だよ。」と友人から教えられました。

Ⅲ　セカンドライフの支出の管理

1　リタイア後の資産運用は有効か？

50代の時、子育ても一段落し、生活費に余裕ができ、住宅ローンの繰り上げ返済も返済期限短縮型で行い、また、わずかではあるものの、リスクの少ない金融商品とリスクはあったが分散してリスク回避しての株式投資も行い、若干だが預貯金を増やすことができました。

定年退職を迎え、退職金が入った際に、まとまったお金が入ってきたという気分になり、このお金を資産運用し、さらに増やすことを考えました。友人からは、セカンドライフの資産運用は、増やすより減らさないが基本であるとアドバイスされました。

セカンドライフでは、年金・退職金を含めた預貯金をもとに生活していかなければなりません。年金だけでの夫婦二人暮らしの生活は、ローン残高や光熱費・自家用車の保険、ガソ

リン代など、考えているより生活費の支出は多いのです。そうなると預貯金を取り崩しながら生活することになり、将来の早い時期にマイナスの生活になってしまいます。
私の場合のセカンドライフの最大の問題点は、モデルケースと同様に70歳代前半で貯蓄がなくなってしまうことと指摘を受けました。マイナスの生活になってしまわないようにするためには、一般的には3つの方法しかないといわれました。

① 収入を増やす。
② もっている貯蓄を賢く運用する。
③ 支出を減らす。

私としては、夫婦2人の時間を有意義に過ごすためには、旅行や食事に出かけたりすることも考えていたので、ある程度の生活費の切り詰めはしても、余暇を過ごす支出は抑えたくありません。収入を増やすことを考える場合、自宅の土地にアパートを建設し、不動産運用はどうかと尋ねてみました。
友人は、家賃収入という安定した収入を得られるので有効な手立てだと言ってくれましたが、立地条件として駅から少し遠いことと、アパート建設のための多額の借金を今から抱えるので得策ではないと話していました。さらに株や投資信託での運用は、運用利率が高くなくては貯蓄を維持していくことはできないし、高い利率の運用を選べばリスクが上がり、元

168

手を回収できないことが起きてしまうことも教えてくれました。

それでは、働くことで収入を増やすのはどうか。2～3年でも働ければ、貯蓄が減るのを遅らせることができる。友人は、働くことも検討すべきではあるが、いつまで働けるかはあまり長く考えないほうがいいとアドバイスしてくれました。

そうなると、「支出を減らす」ことを行っていかなければなりません。私は、退職後は、同僚とのちょっと飲みに行こうというような付き合いや、サラリーマン生活で必要であったスーツなどの購入もほとんどなくなり、自動的に支出は減るだろうと考えていました。

しかし、友人からは、サラリーマンの制服であったスーツを着なくなったら私服が必要になり、ちょっとおしゃれを楽しもうなんて考えたら、支出が減るどころか、むしろ現役時代より増えてしまうと言われました。改めて、今もっている生活資金の貯蓄をいかに減らさないかを、今までに学んだ簿記の知識を生かして管理していかなければならないと感じました。

2 支出を減らすためのお金の管理

友人にバランスシートを見てもらい、これからの生活で入ってくるお金が増えるわけではないので、住宅ローンを利息を含めて払い続けるよりは、今の時点で繰り上げ返済してしまったほうがいいだろうとアドバイスされました。そのほか、水道光熱費の節約もさること

ながら、車の維持費を見直し今後買い替えるのであれば、ハイブリッドカーや燃費の向上した軽自動車の選択肢もあるぞと説明されました。軽自動車であれば自動車税も安く、ガソリン代の節約と税金の節約が同時にできると教えてくれました。

支出のなかで最も多いのはやはり、日々の生活費です。生活費は、水道光熱費や新聞代、保険料など銀行から引き落とされる支出のほかに、現金で支払うものなど月単位で管理することが大事であり、そのために家計簿をつけ無駄な部分を把握して生活費をスリム化していこう。このほか予測できない不時の出費（病気や事故、災害などの出費）もあるので、それに備えることも必要になってくるだろう。やっぱり、お金の管理は、収入・支出を記録・分類・整理することだと教えられました。

3 セカンドライフを楽しく過ごすために

本来、セカンドライフは、長年働いてきたサラリーマンにとって待ち望んだ時間であるはずです。働いているときは、毎朝眠いのを我慢し、満員電車に乗り込み会社に通わなくてはなりません。会社のなかでも、ノルマに苦しめられ、それでも何とか頑張って勤め上げたあとに訪れる幸せの時間のはずです。

これまで、貯蓄やわずかではあるが投資で得たお金、それと退職金や65歳から受給できる年金をもとに、楽しいセカンドライフを過ごす計画を立ててきましたが、リタイア後の長い

170

生活のためにお金を上手に使っていかなければなりません。今までに得た簿記の知識をフルに応用して、お金を管理しなくては、セカンドライフは破綻してしまう可能性があることを学ぶことができました。

さらに、完全リタイアを迎えてセカンドライフを送るために、「お金の管理」だけではなく「健康管理」と「生きがいをもつ」ことを友人からすすめられました。今後は、この3つのことを、個々のものとして単独で考えるのではなく、セカンドライフを楽しく健康で過ごし、生きがいを感じる活動ができるよう、お金を管理していくことにしよう。健康でなければ、医療費など余分にお金がかかってしまいます。健康にセカンドライフを過ごしている人は、生きがいをもって生活している人が多いようです。

エピローグ　簿記を知って人生を豊かに

I　一線を退いてはみたものの

　大学を卒業してから50年間通い続けた会社から離れて、もうすぐ1年が経とうとしています。営業からの叩き上げで、最後は取締役を2期4年間、常勤監査役を2期8年間勤め上げ、昨年の株主総会で頼もしき後輩に引き継いで私は非常勤の監査役となりました。
　取締役を退いて常勤監査役になった頃も、別に毎日会社にいなければならないということではなかったのですが、「監査役は会社のご意見番」を自認していた私は、会合やセミナーなどの外出時を除いて始業時間前には出社し、早くとも定時までは常勤監査役室に詰めるという日々を続けました。業務監査の執行、監査役会の主催、取締役会をはじめとする各種会議への参加、資料のチェック、取締役との意見交換などの毎日を過ごし、時には若手社員を招いての懇談なども行って会社経営に目を光らせる日々を過ごしていました。
　しかし非常勤となってからは自室も召し上げられ、後任の常勤監査役の手前、私がしゃしゃり出るわけにもいかず、会社へは月に一度、同日に開催される監査役会と定時取締役会

172

へ出席するためだけとなりました。

最初のひと月は、毎日が日曜日という日々を、好きな歴史小説を読んだり、懐かしい映画をレンタルして観るなどしてそれなりに謳歌したものの、すっかり手持ち無沙汰になってしまいました。それではと、翌月には妻を伴って温泉宿に長逗留してやろうと出てみたものの、これも宿泊して3日目には飽きて、巻き込まれたほうの妻はカンカンに怒ってこっぴどく叱られました。

その後、愛犬を連れて歩いていた毎朝の散歩も、妻から「ワンちゃんが怪我でもしたらどうするの」と言われてそれすらも取り上げられてしまい鬱々とした日々を過ごしていた矢先、大学の同窓会の案内が届いて気晴らしに出席することにしました。

「よぉっ、大監査役殿！ 久しぶりじゃあないか！」

会場に入って目ざとく私に声をかけてきたのは、同級生のS崎でした。彼は大学を卒業して銀行に入り、複数の子会社役員をやった後に銀行の顧問になっていたはずです。

「おう、元気そうだな。だがもう常勤じゃないんだ。『大監査役殿』は勘弁してくれ。」

「なんだ、ずいぶんとショボくれてるじゃないか。」

「非常勤になってから、すっかりやることがなくなっちゃってね…。あぁ、俺の人生、仕事しかなかったんだなって思い知らされているところさ…。ところで、お前は元気そうだな？」

173　エピローグ　簿記を知って人生を豊かに

「俺はうちの銀行の寄附講座のコーディネートの仕事をしていて、忙しい日々さ。要は、現役銀行員が大学で出前講座をやるんだな。そうそう、おまえ確か歴史が好きだったな？今でも歴史小説を読み続けてるよ。」

「ああ、学生時代はよく講義をサボって時代物の映画を観に行ったもんだ。それがどうかしたかい？」

「いやね、この前、その出前講義の打ち合わせである大学の先生と話をしていたんだが、会計にも歴史があるという話になってな…。考えてみると当たり前のことなんだが、俺たちが学生の頃は経済史の講義はあったが会計史の講義なんてなかった。もし暇を持て余しているんなら、ひとつ会計の歴史でも調べてみたらどうだい？ま、それが君の無聊を慰められるかどうかはわからんが。」

なるほど、会計の歴史か…。監査役をやってきて経営状態や法令遵守のためにチェックしてきたが、そうした会計の仕組みがどのような歴史的経緯を経て作られたかなんて考えたこともなかった…。ちょっとした暇つぶしに調べてみようか。

II 簿記の歴史との出会い

S崎に言われた会計の歴史を調べるため、私は久しぶりに母校の図書館へと足を向けました。正門を入り桜並木の道の左右には、各サークルの色とりどりの立て看板が並べられています。今がちょうど満開の時期を迎えた母校の桜をゆっくりと眺めながら、私が学生時代の

174

頃から外見の変わっていないレンガ造りの時計塔が特徴的な大学中央図書館へと入りました。

いつもは学生の利用も少なく、冷たくしんと静まり返っている図書館ですが（賑やかなのは、基本的に定期試験前だけです）、今日は雰囲気が違っていました。学生が何人かのグループに分かれて、司書から図書館内の案内を受けています。なるほど、新入生へのオリエンテーションが行われているのです。初々しい雰囲気をまとった新入生たちが神妙な面持ちで司書の説明を聞いています。そのなかに1人、妙に見覚えのある顔が混じっている…。孫のY美でした。

Y美は私の娘の子、つまり外孫で、この春奇しくも、この祖父が半世紀前に入ったこの大学に入学しました。Y美は私に気づいて一瞬驚いたかのような表情をしましたが、説明が続いているせいか、または他の学生の手前なのかは知らないが何事もなかったかのように目をそらして司書に目線を合わせました。祖父としては少々寂しい気持ちはあるが、家では見ない孫の外向きの表情を見て声をかけるのをやめました。

それから1月ほど経って、Y美が私の家に遊びに来ました。

「お祖父ちゃん、久しぶり！ この前、大学の図書館でお祖父ちゃんを見かけたときはびっくりしたよー。」

「ああ、いらっしゃい。お祖父ちゃん、最近時間ができたから、お前のところの図書館に

「ウチの大学の図書館って、一般の人にも開放してるんだ。」
「いやいや、お祖父ちゃんは卒業生だからね…。私ってお祖父ちゃんの後輩なのかー。」
「そういえばママから聞いた気がする…。私ってお祖父ちゃんの後輩なのかー。」
可愛い孫は、そんなことをつぶやきながら複雑そうな表情をしました。
「そういえば、図書館で一緒に説明を聞いていたのはY美のお友達かい？」
「友達っていうか、ゼミ生だよ。同じゼミのコ。」
「この頃は1年生からゼミがあるのか。ところでY美はなんのゼミに入ったんだい？」
「会計のゼミだよ。」と言って、Y美は顔を思いきりしかめます。
「…なんだかとても不本意そうな顔に見えるのだが？」
「うーん、本当はY美が経営に興味をもっているとは思わなかったな。今は監査役だから、経営の現場のことならY美にいろいろと教えられるのに…」
取締役になって、今は監査役だから、経営の現場のことならY美にいろいろと教えられるのに…」
「大丈夫！そんな難しいことじゃなくて、工場見学したり新商品のサンプルもらったりできるゼミがあって楽しそうだなと思って！」
そう言ってケタケタ笑う孫の顔…。妻が見ていたら『女の子がはしたない！』と一喝する

「それがやっぱりすごい人気のゼミで、抽選に落ちちゃったんだよねー。で、ほかのゼミも結構募集が締め切られちゃって、残ってたなかから今のゼミを選んだというわけ。あー、それにしても経理なんか興味ないし、簿記や会計なんか勉強してて意味あるのかなー。」

「Y美、簿記や会計は何も経理の仕事をしている人のためだけに必要な知識ではないぞ。」

咳払いを1つして、このところの勉強の成果を可愛い孫娘に披講してやろうと思いました。

「まあ、実を言うとお祖父ちゃんが図書館に通っているのも、会計の歴史を調べているんだ。付き合わせて申し訳ないが、ちょっと話を聞いてもらえないかい。」

「お祖母ちゃん、はやく帰ってこないかなー。」…機先を制された。

ところだな…。

簿記はお金とその流れを記録・管理・分析するものですが、こうした記録・管理・分析は古代から行われてきました。人類が、狩猟採集社会から農業技術の発達に伴って農産物の計画的生産と保管が可能となり食糧供給の安定を手にした結果、多くの人口を養うことを可能とした農耕社会へと進化します。狩猟採集社会は主に家族単位での社会でしたが、農耕社会では多くの人が土地に定住して社会を形成して労働の分化が起こり、経済を生み出してやがて国家が誕生します。

こうしたなかで、文字が生まれる以前から木材や動物の骨に刻み目を付けたものや、ひも状のものに結び目を付けるなどして、狩で得た獲物の数や納められた税などに使われていたようです。その後、原始的な文字が開発され、紀元前3000年の古代エジプトではパピルス紙に象形文字で、同じ時期の古代メソポタミアでは粘土板に絵文字で書かれた税の記録が確認されています。

日本では、たとえば正倉院文書のなかに「正税帳」という各地方の税の収入・支出を記録した文書が納められ、天平年間の730～739年にわたる27編の文書が現存しているほか、奈良にある平城京の遺跡からは長屋王家の米の支給を記録した木簡が出土しています。

簿記は、古代から人間の生活の発達とともにあったのです。

Ⅲ まずは記録から

私の講義を我慢強く聞いていたY美は、「ちゃんと聞いてあげたんだから、お駄賃ね！」と私からまんまとせしめ、妻が帰ってきたあとはお行儀の良い孫を神妙に演じて帰っていきました。

それから2週間ほど経って、またY美が家へ遊びに来ました。

「お祖父ちゃん、こんにちは！ 今日はお祖母ちゃん、カルチャースクールの日だったよね？」

178

「来て早々あいつの予定を聞き出すってことは…。さてはお小遣いの催促かね?」
「あたり!」この前、大学の友達たちとちょっと遠出しちゃってさー、今月、結構ピンチなんだよね。まあアレよ、方々お付き合いがあっていろいろ大変なんですよー。」
「お前は何を中年サラリーマンのようなことを…。この前来たときにあげたお小遣い、あれどうした?」
「え、そんなの知らないよ。お財布に入っていつの間にかなくなってるし…」
「それは『使った』というんだな。使ったとしても、何に使ったのかわからないのかい?」
「えー、お金に番号は付いてるけど、そんなの控えたことないしー。」
「たしかに、1つ1つのお札や硬貨そのものを管理するのは難しいし、そこまでしてもあまり意味がないだろうね。だけど、お金がいつ、どのように入ってきて、どうして出ていったのかをちゃんと記録していれば、Y美みたいに『なんとなくお金がない』ということではなくて、『あのお金は何に使った』という理由がわかるようになるんだよ。」
「えー、でも毎日記録するのってめんどくさそう。それに1円まで合わせるのなんて無理だよ。」
「まあ最初は面倒だろうが、記録するクセがつけば自然と習慣になってくるさ。それに他人様のお金ならともかく自分のお金を管理するんだから、何もマジメに1円まで合わせる必要はないだろう。」

「んー、なんだか大変そうだけどお金は降ってこないし、とりあえずお小遣い帳でもつけてみようかな。」
「そうだね。お小遣い帳をちゃんとつけてうまくムダを省くことができれば、こんなふうにお母さんやお祖母ちゃんの目を盗んでお小遣いをねだらなくてもよくなるぞ？」
「でもかわいい孫の顔がなかなか見れなくなるかもよー？」
「お前ね…。」

簿記を使うことによってお金を記録・管理・分析するためには、まずは記録するところから始まります。自分のお金の出入りを記録してその流れをつかむことによって、効率の良いお金の使い方やムダの省き方がみえてきます。

たとえていうならば、自分の朝晩の体重を測るというダイエットがありますが、自分の朝晩の体重を毎日記録することにより、朝と夜の体重の変化や前日・前週・前月からの増減をチェックして「この週は運動をがんばった成果がでてきているな」とか「この日は昼も夜も高カロリーな食事をしたからその影響が出てるな」という管理や分析ができるようになるのです。

こうした記録・管理・分析は、あらゆる種類の簿記にとって共通です。個人のお小遣いを記録・管理・分析するならお小遣い帳となりますし、家のお金であれば家計簿、町内会や企

180

業、はたまた国も簡単にいえば簿記の技術を使って税金や国債で得たお金の記録・管理・分析を行っているのです。まずは自分のお金を記録していくところから始めてみましょう（⇩第1部第1章「お家で簿記を使う」参照）。

Ⅳ 足らぬ収入のナゾ

それからしばらくY美がぱったりと顔を見せなくなり、大学の勉強が忙しいのだろうかと思っていたところ、娘からY美がアルバイトを始めたらしいということを聞きました。しかもこの頃はどこへ行ってもちゃんとレシートを持って帰っているようで、どうやら祖父の提言は一応功を奏したらしい。

そんな話を聞いてしばらくたった長雨の頃、ようやくY美が遊びに来ました。

「やあY美、最近いろいろと頑張ってるようじゃないか。」

「そうなんだよねー。前にお祖父ちゃんに言われたとおりにお小遣い帳をつけはじめたら、やっぱりお小遣いだけではいろいろ無理があるのがわかってさー。友達にバイト紹介してもらって始めたんだけど、この頃ようやく慣れてきたところ…。まあ、ようやくしみじみとお金を得る大変さがわかってきたところだよ。」

「それはいいことじゃないか。大学での勉強も大事だが、学生としてある程度の社会生活を実体験することもとても大切なことだよ。で、初給料はもう出たのかい？」

181　エピローグ　簿記を知って人生を豊かに

「そうそう、それなんだけど、なんか計算が合わないんだよねー。時給1,200円って言われて1日6時間で先月は15日働いたんだけど、口座に振り込まれた金額がなんか少ないような気がするんだよ…。私、わるい大人にだまされてるのかな?」
「…Y美、お前ちゃんと給与明細もらってるんだろうね?」
「キュウヨメイサイ? ああ、なんかごちゃごちゃと数字が書いてある紙ならもらったけど、なんだか難しい言葉が並んでてあんまりよく読んでない。」
「見方を教えてあげるから今度持ってきなさい。それでY美の疑問は解けるはずだよ。」
「何? お祖父ちゃんってもしかして天才探偵?」
「いや、たぶん『社会常識』ってやつだな。」
「それじゃまるで私が常識がないみたいじゃない!」

お金の記録を始めると、自分自身の収入と支出のタイミングや傾向がだんだんとみえてきます。サラリーマンの場合には、所得税と年金・健康保険・雇用保険などの社会保険料は大抵給料から差し引かれて徴収されます(天引き)。これはアルバイトやパートタイマーでも同じで、社会保険料の場合は、1週間の労働時間が20時間以上で31日以上勤務することが見込まれる場合には雇用保険料がかかり、1日または1週間の労働時間が正社員の3/4以上の場合には厚生年金と健康保険料がかかり、さらに1カ月の労働時間が正社員の3/4以上の場合には厚生年金と健康保険料がか

ります。

所得税については年収103万円以下は非課税ですが、年収額がたとえ103万円以下でも社会保険料を差し引いた月収額が8万8千円を超えると天引き（源泉徴収）されてしまい、年度末に確定申告をして天引きされた税金を返してもらうことになります。また年齢によっては介護保険料がかかる場合や、勤務先によっては組合費や福利厚生費なんかも引かれることがあります。

自分にとって適正な支出を見極めるためには、自分の収入額を把握する必要がありますが、「月収30万円」とか「時給1,000円」がそのまま自分の口座に入ってくるわけではないことに注意しましょう（⇒第1部第2章「社会人、初めての一人暮らし」、第1部第3章「家族ができて家計を考える」、第3部第2章「小金をもって年金で暮らす」参照）。

Ⅴ　お金の流れの管理は大切

そろそろ大学も夏休みという初夏のある日、Y美が青い顔をしてやってきました。
「授業にゼミに試験にバイトにサークル…や、やりきった…」
「お前、よく頑張ったね。お祖父ちゃんが取締役だった頃よりも多忙なんじゃないか？」
「多分そんなの目じゃないね。」
冗談で言ったつもりが、本人はいたって真顔で返事をしてきた…

183　エピローグ　簿記を知って人生を豊かに

「それにしても、大学に入っても夏休みの宿題からは逃れられないんだねー。」

「何といっても、学生の本分は勉強だからな。」

「ゼミで学祭の模擬店を出すことになったんだけど、先生が、模擬店の企画から閉店までに発生すると予測される入出金を仕訳にして、必要と思われる帳簿も一緒に作ってレポートにしろとかいう無慈悲な宿題を出されてさ…。せっかくゼミで盛り上がってたテンションだだ下がり。」

…なんだかよくわからないが、宿題を出されたことに本気で怒っているようだ。

「会計のゼミに入ったけど、仕訳とか本当に苦手！　大体何なの？　借方と貸方って！　右と左に分けてなんの役に立つのさ！」

「ああ、あれはあれで使い方を知るととても便利な方法なんだよ。」

簿記は自分のお金の記録・管理・分析にとって便利な手段ですが、これが他の人のお金を預かる場合には必須のツールとなります。たとえば、地域のお祭りで町内のみんながお金を出し合って露店を出したとしましょう。お祭りが終わったあとお金が残って、お金を出した町内の人全員で頭割りするときに、何も記録していなければ「このお金はどうして残ったのか」についての説明ができず、トラブルになる可能性もあります。

そのため、お金の流れを記録して管理することにより「○人がそれぞれ○円のお金を出し

合って」、「そのお金で材料を買うために○円を支払い」、「作ったものを1個○円で○個売ったので」、「結果○円が残った」と説明ができるようになります（⇒第1部第1章「お家で簿記を使う」参照）。

こうして預けた側の人は預けた目的に沿って、ちゃんと自分のお金が使われているかチェックできるようになります。町内会であれば「ちゃんと町内の環境整備のためにお金が使われているか？」であるとか、会社であれば「ちゃんと利益を出すためにお金が使われているか？」などです。こうした預けた人のお金を目的に沿って管理・運用していることを「受託責任」といい、そのお金やお金の流れを報告することを「受託責任会計」といいます。

また、たとえば会社は、利益を生み出すためにお金を預けた人（株主）に対して受託責任を負っています。そして株主から預かったお金は、会社のなかで部や課といった組織の運営のために預けられるので、課は所属する部に対して、部は所属する本部に対して、本部は取締役会に対して受託責任を負います。こうした各組織のお金やお金の流れの記録が積み重なって会社全体のお金の流れが記録され、最終的には株主に報告するための決算書類が作成されます（⇒第2部第1章「会社で簿記を使う」参照）。

こうしたお金やお金の流れを記録する便利な方法として、会社では「複式簿記」という技術が使われています。複式簿記は、お金の流れという事実を2つの側面から記録する方法

で、たとえば「銀行に1,000円の手数料を支払った」というお金の流れを「1,000円の手数料の発生」と「1,000円の現金の減少」という2つの側面に分けて記録することによって、お金やお金の流れの全体像の管理や分析がしやすいように記録されているのです。

複式簿記の起源説の1つに、古代ローマを起源とする説があります。古代ローマの市民は、商売を行うことが法律で禁じられていました。そこで市民たちは奴隷を使って商売をさせ、奴隷たちは主人である市民から預かったお金とお金の流れを記録して報告していました。先ほど述べた受託責任会計が、古代ローマ時代には存在していたのです。

上記のように複式簿記は1つの事実を2つの側面から捉えるので、一般的には左右にそれぞれの側面を記録します。 複式簿記の世界では、左側を「借方」、右側を「貸方」という特殊な用語を用いています。この用語は、昔、複式簿記はお金の貸し借りを記録するために使われていて、たとえばAさんに100円貸したら借方にAさんの名前と100円を、Bさんから100円を借りたら貸方にBさんの名前と100円を記録したのが語源と言われています。 最も古いものでは、イタリアのフローレンスの図書館に収められている1211年に銀行が作成した羊皮紙2枚4ページの帳簿が現存しています。

複式簿記の技術について、詩人でありヴァイマル公国の宰相を務めたゲーテは『ヴィルヘルム・マイストルの徒弟時代』という小説のなかで「人間精神の最も立派な発明の一つだ」

と書き、アメリカの経済学者のシュンペーターは『資本主義・社会主義・民主主義』という著書のなかで、「複式簿記こそはその高くそびえる記念塔である」と述べています。

Ⅵ 簿記を知って人生を豊かに

炎暑を迎えた夏の盛り、孫は真っ黒に焼けた顔でわが家にやってきました。

「お祖父ちゃん、ただいまー！ これ、お土産ね。」

「ああ、ありがとう。ずいぶん日焼けしたね。」

「バイトの友達と屋久島に遊びに行ってきたんだー。」

「ほぉ、学生生活を満喫しているようで何よりだ。」

「ところでお祖父ちゃん、株ってもってるの？」

「…孫とはいえ、ずいぶん単刀直入に聞くね。どうしたんだい？」

「一緒に屋久島に行ったコがさ、バイトで貯めたお金で株を買ってるって話を聞いてさー。株ってどんなものなのか、お祖父ちゃんに見せてもらおうと思って！」

「…ここには株はない、というよりは、お祖父ちゃんがもっている株はすべて実物がないんだよ。」

「え？ 株券をもってるのにないってどういうこと？ 私だまされてる？」

187 エピローグ 簿記を知って人生を豊かに

「だましてないよ。法律が変わって、証券会社を通じて売り買いができるような株券は電子化、つまり証券会社の口座のなかだけで存在するようになったんだ。」

「なんだー、もしお祖父ちゃんの家に株券があったら、そのなかで儲かりそうなのを何個かもらおうかと思ってたのにー。」

「お前、さらっととんでもないことを言うね。いい社会勉強だから、友達を見習ってアルバイトのお金で買いなさい。」

「でも、どこの株を買えばいいのかな？　株を買った会社が倒産したら、お金が戻ってこないんでしょ？」

「そういう時にこそ簿記の知識を使うんだよ。」

簿記の知識は、お金とその流れを分析するのにも役立ちます。

先ほど、自分のお金の出入りを記録してその流れをつかむことによって、効率の良いお金の使い方やムダの省き方がみえてくるというお話をしました。たとえば自分自身で事業を営んでいる場合には、その収入や支出、売上や費用をチェックして効率的に利益を稼ぐ方法を考えたり、逆に無駄な費用がないかをチェックできるほか、その過去の事実をもとに将来の計画を立てたり、銀行や自治体から運営資金を受けるための説明資料の材料とすることもできます（⇒第2部第2章「独立を考える」、第2部第3章「社会貢献に目覚める」参照）。

188

また、自分自身のお金を株や債券などで預けている場合には、その相手が自分の預けた目的に沿ってお金を運用しているかをチェックしたり分析したりすることができます。以前、受託責任の話をしましたが、こうした預けた側の意思に沿っているか、不明瞭な使い方をしていないか、または倒産してしまわないかを分析するのも、こうしたお金やお金の流れの記録や管理の仕方を知らなければチェックできません。こうした受託責任に対する説明資料として会社は決算を組み、決算書類を作成することが法律で定められているのです。

それまで陸路中心だった東西交易が、国家のさらなる発展を目的にして海へと繰り出した16～17世紀の大航海時代、商人たちは役畜（ラクダなど）よりもはるかに多くの商品を運搬できる船を用いての交易が盛んになりましたが、船は莫大な利益をもたらす一方で自然災害や疫病、海賊などの障害が多く、一度航海に失敗してしまえば破産という危険の多い事業でもありました。

そこで多くの出資者を募って投資を分散し、航海が無事成功して利益を得たら出資者で分け合い、失敗しても1人1人の損失を少なくする方法が編み出されました。これが現在の株式会社の起源だと言われています。そして、帳簿は航海ごとに作られて、終わった時に閉じられました。

ところがこうした商業の活発化の裏側で、お金を集めるだけ集めて計画的に破産させて出資者の財産をもち逃げするような事件も多発しました。フランスでは、太陽王の名で有名な

ルイ14世が商人に帳簿の作成を義務づけ、詐欺的に破産したものを処刑すると定めた「商事王令」を1673年に制定します。

またイギリスでは、1720年に起こったバブル崩壊により、会社は国王の勅許か国会の特別法によってでしか設立が認められませんでしたが、1844年の会社法によって一定の手続に従い登記を行う方法による会社設立を認める代わりに、株主への決算報告と外部会計監査を強制的に定めました。お金を預けた側が、預けたお金とその流れをチェックしやすくする制度がこうしてできあがっていったのです。

現在は、インターネットなどの情報技術の向上で、上場会社の決算書類が簡単に手に入るようになりました。会社は、法令による決算情報の開示のほかに、さまざまな方法で自分の会社がいかに優れているか、お金とお金の流れで説明して自分の会社へ資金を呼び込もうとしています。こうした会社の状況を投資家に説明する活動を、英語の Investor Relations の頭文字をとって「IR」とよび、投資家に対してお金とお金の流れを説明する会計を「投資意思決定会計」とよびます。そして、どの会社が優れているかを分析するためにも簿記の知識が必要になってくるのです（⇒第3部第1章「投資で社会を元気にする」参照）。

私の話を以前よりもおとなしく聞くようになったY美は、こんなことをつぶやきました。

「この何ヵ月か、お祖父ちゃんから簿記の話をいろいろ聞いたけど、それで人は幸せにな

190

れるのかな?」
　それに対して私は答えます。
「簿記を知っているからといって、それだけで幸せになれるわけじゃない。お金は人の生活に彩りを与えてくれるが、その一方でお金に振り回されて不幸になってしまう人がいる。道具に過ぎないお金を上手に使って人生を豊かにするために、簿記の知識が必要なんだとお祖父ちゃんは思うんだよ。」

簿記の本の起源 ………186

　複式簿記の起源について最も有力なのは，中世イタリアを起源とする説です。しかし中世イタリア説のなかでも，その起源の時代と場所について議論が分かれています。その複式簿記を解説した本で最も古いのが，イタリアの修道士であったルカ・パチョーリが1494年に著した『スムマ』という本で，これは数学の本でした。日本では明治6年の『銀行簿記精法』に続いて，明治7年に一万円札でおなじみの福沢諭吉が『帳合之法』で複式簿記を解説しています。なお，福沢諭吉は明治6年に同じ『帳合之法』で単式簿記を解説しています。

資金収支を示すキャッシュ・フロー計算書などがあります。経営者は法律に従い，これらを株主に送付したり国に提出したりします。投資家や銀行はそれを参考とし，さまざまな意思決定を行うことになります。

仕訳帳 ………90
簿記上の取引を2つの要素に分解し，それを記録する行為を仕訳といいます。要素としては，資産・負債・純資産・収益・費用があります。この仕訳が行われる帳簿を仕訳帳といいます。企業では取引が生じたら，まず仕訳帳に記録を行います。仕訳帳の記録を受け，総勘定元帳，試算表，財務諸表へと進みますが，現代ビジネスではそれらをコンピュータが自動計算します。しかし，起点となる仕訳は人間が個々に入力する必要があるのです。

取締役と監査役 ………172
株式会社は，事業を行う元手を不特定多数の人から集めます。この元手を出した証が株券であり，株券を所有する人を株主とよびます。しかし株主は元手を出すだけで，会社の経営を経営の専門家である取締役に任せます。また，株主に代わって取締役が適切に経営を行っているかどうか監視する人が監査役です。取締役と監査役は，株主が集まる株主総会で選ばれます。また株主総会ではほかに，業績の報告・承認や重要事項の採決などが行われます。

賦課課税 ………48
国民が税金を納める方式には「申告納税方式」と「賦課課税方式」があります。賦課課税方式とは，申告義務のない固定資産税・住民税・自動車税など税を徴収する側（国や地方自治体）が一方的に税額を計算して，「賦課決定通知書」を交付して納税義務者に納税を求める仕組みです。申告納税と比べると，節税の工夫をする余地はありません。

扶養親族 ………48
納税者に所得税法上の控除対象扶養親族がいる場合，一定の金額の所得控除が受けられます。これを扶養控除といい，所得税法第84条に規定されています。この扶養控除の対象となる扶養親族とは，配偶者以外の親族（6親等内の血族および3親等内の姻族）等，年間の合計所得金額が38万円以下などの4要件を満たし，かつ申告年度の12月31日現在の年齢が16歳以上をいいます。扶養親族であるためには，一般に103万円の収入を超えないことが必要となります。

ます。日本では，第二次世界大戦のなか，戦費を効率よく徴収するため，当時のナチス・ドイツにならって1940年に導入された制度です。戦後の民主化政策で所得税に申告納税制度が導入されますが，現実的な妥協点として年末調整制度が導入されました。源泉徴収の合憲性について争われたこともありましたが，1962年の最高裁判決で合憲とされました。

高額医療費制度 ………72

私たちは実際にかかった医療費の3割だけを医療機関の窓口で支払いますが，手術などで高額の医療費がかかった場合にはかなりの支払いが必要になります。そこで，高額医療費制度が設けられており，窓口で支払う金額に上限が設けられています。たとえば，一般的な収入の人であれば，手術などで100万円の医療費がかかったとしても

87,430円（= 80,100円 +（1,000,000円 − 267,000円）× 1%）

の支払いだけですみます。

高年齢雇用継続給付金制度 ………154

高年齢雇用継続給付は，「高年齢雇用継続基本給付金」と，基本手当を受給し，60歳以後，再就職した場合に支払われる「高年齢再就職給付金」とに分かれます。雇用保険の被保険者であった期間が5年以上ある60歳以上65歳未満の一般被保険者が，原則として60歳以降の賃金が60歳時点に比べて，75％未満に低下した状態で働き続ける場合に支給されます。

国民皆保険 ………163

国民すべてが何らかの医療保険制度に加入し，病気やけがをした場合に医療給付が得られること。日本の場合，1955年頃まで，農業や自営業者，零細企業従業員を中心に国民の約3分の1に当たる約3,000万人が無保険者で，社会問題となっていました。しかし，58年に国民健康保険法が制定され，61年に全国の市町村で国民健康保険事業が始まり，「誰でも」，「どこでも」，「いつでも」保険医療を受けられる，国民皆保険体制が確立しました。

財務諸表 ………91

企業が1年間活動した財務上の結果をまとめた報告書を，財務諸表といいます。これは決算書とよばれることもあります。主要な財務諸表としては，一定時点の財政状態を示す貸借対照表，一定期間の経営成績を示す損益計算書，一定期間の

年金が支給されます。

家計簿記 ………24

　家計簿記は，生産や販売ではなく，主に消費を目的とする家政経済を対象とする簿記のことをいいます。蓄財や浪費を抑制するための財産管理手段として，また勤倹篤行や配偶者との価値観共有など精神的効用を高める手段として，その利便性があります。

　明治初期に，それ以前の大福帳や万覚帳に代わって西洋式の簿記が導入され，その普及に伴い，記録方法や帳簿の形式についての説明は，家政書のなかの項目としてなされたり，あるいは独立の家計簿記書としてなされてきました。

　1874年『百科全書　家事儉約訓』(永田健助譯)が家政書としての最初のものです。その翌年に家計簿記書として『實地應用家計簿記法』(藤尾録郎著)が出版されています。多くの場合，家政書では単式簿記により，家計簿記書では複式簿記により説明されています。

　1875年に開校した官立の東京女子師範学校では，第1級と第2級に「記簿法(単記)」の教科が設けられていました。明治後期から昭和中期には簿記学校でも，家計簿記は，家庭科の科目のなかの一項目として，あるいは独立科目として教育されていました。

　現在では，一部の高校で教科外学習として指導されている以外，学校教育の教材とされていないようです。もっぱら民間団体(たとえば全国友の会)が家事家計簿の講習会(無料)を全国規模で行っています。

活動計算書 ………130

　当該事業年度に発生した収益，費用および損失を計上することにより，NPO法人のすべての正味財産の増減の状況を明瞭に表示し，NPO法人の活動の状況を表すもの。2012年4月に施行された改正NPO法により，収支計算書の代わりに計算書類の1つとして導入されました。NPO法人会計基準では費用は「事業費」と「管理費」に区分され，さらにそれぞれを「人件費」と「その他経費」に分けて表示されます。

源泉徴収 ………47

　利子所得・配当所得・給与所得・退職所得・報酬等について，それぞれの支払者が所得税を徴収することをいい，所得税法第181条から第222条に規定されています。所得が発生する源泉で所得税を徴収して納付するので，このようによび

用語解説

EPS ………149
1株当たり当期純利益（Earnings Per Share：EPS）のこと。普通株式にかかる当期純利益を普通株式の期中平均株式数で割ったものです。なお企業会計基準委員会（Accounting Standards Board of Japan：ASBJ）は，2002年9月（最終改正2013年9月）に，企業会計基準第2号「1株当たり当期純利益に関する会計基準」を公表しており，1株当たり当期純利益と潜在株式調整後1株当たり当期純利益の算定方法を決めています。

NPO法人会計基準 ………131
NPOの計算書類（活動計算書，貸借対照表，注記，財産目録）作成指針の1つ。法人間の比較可能性を確保するための統一的な会計基準となることを目指して2010年7月20日にNPO法人関係者が主体となって策定されました（2011年11月20日一部改正）。会計報告の正確性の確保のため，複式簿記を前提とした貸借対照表と活動計算書を中心とする体系を採用し，現物寄付や無償役務の提供など，NPO特有の事象を会計報告のなかに取り入れています。

PER ………151
株価収益率（Price Earnings Ratio：PER）のこと。株価を1株当たり利益（Earnings Per Share：EPS）で割ったものです。株価が1株当たり利益の何倍まで買われているかを示すものです。たとえば，株価が800円で，1株当たり利益が80円であったとします。その場合のPERは10倍です。

遺族年金 ………71
年金制度に加入している人が亡くなったときに，亡くなった人によって生計を維持されていた遺族に支給される年金です。基礎年金から18歳未満の子がいる遺族に遺族基礎年金として，786,500円＋子の加算額が支給されます。また，厚生（共済）年金から遺族に厚生（共済）遺族年金として，死亡者が本来受け取るはずであった年金額の3/4が支給されます。たとえば，2人の子（18歳未満）がいる年収500万円の人が亡くなった場合には，その遺族に年額約200万円の遺族

《監修者紹介》

上野清貴（うえの・きよたか）

中央大学商学部教授。博士（経済学）。
1980年神戸大学大学院経営学研究科博士後期課程単位取得。同年九州産業大学経営学部専任講師，のち助教授，教授，長崎大学経済学部教授を経て，2008年より現職。税理士試験委員，日本会計研究学会理事，日本簿記学会理事，国際会計研究学会理事，中小企業会計学会理事，財務会計研究学会理事を歴任。

主要著書：『会計利益測定の理論』同文舘，1991年。
『会計利益測定の構造』同文舘，1993年
（日本公認会計士協会学術賞受賞）。
『会計利益概念論』同文舘，1995年。
『会計の論理構造』税務経理協会，1998年。
『キャッシュ・フロー会計論』創成社，2001年。
『公正価値会計と評価・測定』中央経済社，2005年。
『公正価値会計の構想』中央経済社，2006年。
『現代会計の論理と展望』創成社，2012年。
『会計測定の思想史と論理』中央経済社，2014年。

（検印省略）

2015年3月20日　初版発行　　　　　　　　　　　　　　略称―人生簿記

人生を豊かにする簿記
―続・簿記のススメ―

監修者　上　野　清　貴
発行者　塚　田　尚　寛

発行所　東京都文京区　　**株式会社　創　成　社**
　　　　春日2−13−1

電　話　03（3868）3867　　FAX　03（5802）6802
出版部　03（3868）3857　　FAX　03（5802）6801
http://www.books-sosei.com　振　替　00150-9-191261

定価はカバーに表示してあります。

©2015 Kiyotaka Ueno　　　　　　　組版：トミ・アート　印刷：亜細亜印刷
ISBN978-4-7944-1486-1 C0034　　　製本：宮製本所
Printed in Japan　　　　　　　　　　落丁・乱丁本はお取り替えいたします。

創成社の本

簿記のススメ
―人生を豊かにする知識―

上野清貴 [監修]

　一般教養として簿記を身につけるメリットについて，具体例をあげ，わかりやすく解説。

　お小遣いから資産管理まで，簿記は，こんなに役に立つ！

定価(本体1,600円＋税)

会計学のススメ
―一度は読んでおきたい会計学の名著―

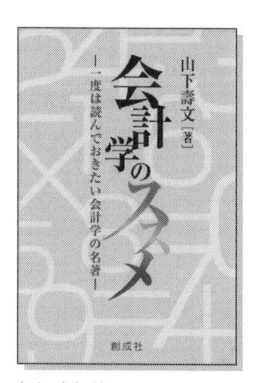

山下壽文 [著]

　古典から最新の研究書まで厳選した必読書ガイド。

　名著が書かれた背景，エピソードをたどり，簿記・会計の面白さに迫る！

定価(本体1,600円＋税)

お求めは書店で　店頭にない場合は，FAX03(3971)6919か，TEL03(3971)6552までご注文ください。
FAXの場合は書名，冊数，お名前，ご住所，電話番号をお書きください。
ご注文承り後4～7日以内に代金引替でお届けいたします。